Tarot

Redaktion: Ina Friedrich
Mitarbeit: Ilona Marchand

Printed in the EU.
ISBN 3-85049-534-5

Inhalt

Was ist Tarot?

Tarot, oder auch Tarock, wie es in Deutschland früher meistens genannt wurde, war ursprünglich ein Glücksspiel, das insbesondere im mittelalterlichen Italien sehr beliebt war. Im Lauf der Jahrhunderte wurden den Tarotkarten jedoch immer wieder mystische Fähigkeiten zugesprochen. Dies bewirkte, dass man sie immer mehr als Mittel zur Weissagung ansah und sie auch dementsprechend benutzte. Der Aspekt des Spielens wurde dabei immer mehr in den Hintergrund gedrängt.

Ein vollständiges Set Tarotkarten besteht aus 78 Karten. Diese 78 Karten lassen sich in zwei Untergruppen unterteilen. Die erste dieser Untergruppen ist die der Trumpfkarten oder auch großen Arkana. Hier werden verschiedene Personen und menschliche Eigenschaften abgebildet. Zusätzlich sind die Karten von 0 bis 21 durchnummeriert. Die Karte mit der Ziffer 0 ist der Narr. Auf ihn folgen dann: der Magier, die Hohepriesterin, die Herrscherin, der Herrscher, der Hierophant, die Liebenden, der Wagen, die Kraft, der Eremit, das Rad des Schicksals, die Gerechtigkeit und der Gehängte, eine der mysteriösesten Karten. Doch damit sind die großen Arkana noch nicht vollständig: Es folgen noch der Tod, die Mäßigkeit, der Teufel, der Turm, der Stern, der Mond, die Sonne, das Gericht und die Welt. Jede dieser Karten hat eine Vielzahl von Bedeutungen, die von Person zu Person und von Situation zu Situation variieren. Aus diesem Grund lassen sich auch keine Standardbedeutungen für die einzelnen Karten aufzeigen. Es gibt lediglich einige grobe Anhaltspunkte, die als Grundlage für die Interpretation der Karten dienen können. Auf diese wird später noch genauer eingegangen.

Schon oft hat man versucht, in den großen Arkana das mittelalterliche Weltbild zu erkennen. Wenn dies auch nicht bei allen Karten absolut einleuchtend möglich ist, so gibt es doch einige augenfällige Parallelen: So könnte man sagen, dass die Herrscherin und der Herrscher, sowie der Hierophant (auch Hoherpriester genannt) die weltlichen und kirchlichen Herrscher (König, Königin, Papst) des mittelalterlichen Staatsgefüges repräsentieren.

Die Religion könnte auch in Karten wie dem Tod, des (Jüngsten) Gerichtes und dem Teufel thematisiert sein. Dazu kommt, dass in manchen Karten mittelalterliche Tugenden enthalten sein könnten. So kann man die Mäßigkeit beispielsweise als Hinweis auf das im Mittelalter als eine der höchsten Tugenden angesehene Maßhalten ansehen. Allerdings muss man beachten, dass eine Hohepriesterin, also ein weiblicher Papst auf einen gläubigen mittelalterlichen Menschen vielleicht doch sehr befremdlich oder sogar ketzerisch gewirkt haben könnte. Es sei denn man deutet die Karte als Mutter Gottes, doch niemand kann mit Bestimmtheit sagen, inwieweit eine solche Umdeutung berechtigt ist. Andere Kenner der Geschichte des Tarots glauben, dass die Hohepriesterin eine der Göttinnen ist, die von den potenziellen Erfindern der Karten verehrt worden sind. So hat es beispielsweise in der Geschichte immer wieder Phasen gegeben, in denen Diana, die Göttin der Jagd, besonders verehrt worden ist. Diese Verehrung ist zwar immer wieder abgeebbt, aber die Darstellung könnte sich trotzdem erhalten haben. Dagegen spricht allerdings, dass die Kleidung und die Gegenstände, die die Hohepriesterin trägt, nicht direkt auf eine bestimmte Göttin hinweisen.

Dazu kommt, dass ein Mensch, der in der heutigen Zeit lebt, natürlicherweise mit ganz anderen Vorstellungen und mit einem vollkommen anderen Weltbild an die Deutung der Karten herangeht als ein Mensch es im Mittelalter getan hat. Aus diesem Grund bleibt uns, die wir heute leben, wahrscheinlich schon alleine auf Grund von Mentalitätsunterschieden ein Teil der Bedeutungen, die die Tarotkarten im Mittelalter hatten für immer verschlossen.

Wenn man die Tarotkarten aber wirklich ernsthaft mit den Lehren der christlichen Kirche in Verbindung bringt, so kommt man irgendwann vielleicht auch zu der Vermutung, dass die Kirche den Karten nicht immer feindlich gegenüber gestanden hat. Es gibt nämlich in der Geschichte durchaus auch Hinweise darauf, dass im Mittelalter, als das Lesen- und Schreibenkönnen noch ein Privileg einiger weniger Gelehrter war, bildhafte Darstellungen dazu verwendet wurden, der großen Masse von Menschen die christliche Lehre näher zu bringen. Wahrscheinlich hatten auch die Menschen im Mittelalter auf Grund ihrer praktischen Erfahrung erkannt, dass Bilder oft besser behalten werden als Dinge, die nur mündlich dargestellt werden. Hatte man den Gläubigen also einmal einige Grundkenntnisse über die Zusammenhänge in der christlichen Glaubenslehre vermittelt, konnte man dies in ihrem Bewusstsein festigen, indem man die Theorie mit den Bildern in Verbindung brachte. Welche Form solche Bilder jetzt genau hatten, lässt sich nicht mehr im Detail nachvollziehen. Es bestand zum Einen die Möglichkeit, sonntags in der Kirche oder vielleicht auch bei Vorstellungen auf dem Markplatz große, bemalte Tafeln zu verwenden, aber es könnte ebenso gut so gewesen sein, dass man die handlicheren Spielkarten vorzog. Aber auch hier gilt: Gesichert ist nichts und letztendlich bleibt alles weit gehend Spekulation.

Dadurch, dass es keine Standardbedeutungen der einzelnen Karten gibt (und auch nicht geben kann), haben Anfänger oft einige Schwierigkeiten, den rechten Zugang zum Tarot zu finden und die Karten im Hinblick auf sich und ihre individuelle Situation mit befriedigenden Ergebnissen zu deuten. Dies sind in der Regeln jedoch nur Anfangsschwierigkeiten und je mehr man sich mit den Karten befasst, desto klarer wird einem die für einen selbst richtige Bedeutung der Karten und man kann schon bald großen Nutzen aus den Deutungen ziehen.

Die zweite Gruppe der Tarotkarten wird von den kleinen Arkana gebildet. Der Begriff 'Arkana' kommt von dem lateinischen Wort 'arkanum', das man mit „Wunder" oder „geheimes Wissen" übersetzen kann. Während die großen Arkana Personen und menschliche Eigenschaften darstellen, gliedern sich die kleinen Arkana in vier verschiedene Serien zu jeweils 14 Karten.

Ähnlich wie bei den bei uns zum Skatspielen oder zum Spielen von anderen Kartenspielen bekannten Karten hat jede der Serien ein einheitliches Symbol. Hierbei handelt es sich jedoch nicht um die uns bekannten Kartenfarben Karo, Herz, Kreuz und Pik. Bei den vier Serien der kleinen Arkana unterscheidet man vielmehr zwischen Kelchen, Münzen, Schwertern und Stäben.

Eine herausragende Bedeutung kommt dabei den so genannten 'Hofkarten' zu. Man unterscheidet hierbei zwischen dem Buben (oder auch Pagen), dem Ritter, der Königin und dem König. Je nachdem zu welcher der vier Serien diese gehören, benennt man sie noch zusätzlich mit dem Symbol, dessen Serie sie zugeordnet sind. In der Serie der Schwerter spricht man daher beispielsweise vom Buben oder Pagen der Schwerter, vom Ritter der Schwerter, vom König der Schwerter und von der Königin der Schwerter. Auf gleiche Weise werden die Asse den jeweiligen Serien zugeordnet. Die übrigen Karten der Serien werden ganz einfach von 2 bis 10 (in römischen Ziffern) durchnummeriert. Die Ziffer eins gibt es nicht, weil diese durch das jeweilige Ass ersetzt wird. In der gerade schon erwähnten Serie der Schwerter wären dies demnach Schwert II, Schwert III, Schwert IV usw..

Ob der Aufbau des Tarotspiels schon von Anfang an so war oder ob es ursprünglich nur aus einem der beiden Teile bestand, lässt sich nicht mehr nachvollziehen. Es ist denkbar, dass ursprünglich nur die kleinen Arkana vorhanden waren und als Spielkarten benutzt wurden und dass dann, als man immer mehr dazu überging, die Tarotkarten als Mittel zum Wahrsagen zu benutzen, noch die großen Arkana zugefügt hat. Dies ist allerdings nichts weiter als eine von vielen Spekulationen.

Dadurch darf man sich allerdings nicht irritieren lassen, denn sobald man anfängt, sich mit der Geschichte des Tarot zu beschäftigen, kommt man sehr bald zu der Erkenntnis, dass die ganze uns heute bekannte Geschichte dieser Karten aus Spekulationen und Ungereimtheiten besteht. Die so entstandenen Widersprüche werden aller Wahrscheinlichkeit nach niemals aufgelöst werden können. Das werden Sie im nächsten Kapitel selbst erkennen.

Die Geschichte des Tarot

Es gibt wohl kaum eine Form des Weissagens oder des Glücksspiels, die die Menschen über Jahrhunderte hinweg so sehr beschäftigt hat wie das Tarot.

Die Gründe dafür sind vielfältig. So zogen alleine schon die kunstvoll gemalten Karten diejenigen, die sie sich leisten konnten, in ihren Bann. Auch war in den Zeiten, in denen die Menschen nur wenig Abwechslung vom Alltag hatten, Spiele, insbesondere Glücksspiele ein sehr beliebter Zeitvertreib. Dies galt natürlich nur für die höheren Gesellschaftsschichten, die es nicht notwendig hatten ihren Lebensunterhalt durch anstrengende, aber nur wenig einträgliche körperliche Arbeit zu verdienen.
Dazu kam, dass die Tartokarten noch einen ganz anderen Unterhaltungswert hatten. Schon früh benutzte man die kunstvoll gemalten Bilder dazu, einen Blick in die Zukunft zu werfen. Diese Kunst blieb nicht nur echten Magiern vorbehalten, sondern wurde auch von so genannten normalen Menschen angewandt, weil diese sich in schwierigen Lebenslagen Rat davon erhofften.

Wo der Ursprung der Tarotkarten liegt und wie ihren Geschichte in Einzelnen verlaufen ist, wird sich wohl nie völlig aufklären lassen. Dazu gibt es zu viele Lücken und Ungereimtheiten in der Geschichte des Tarot. Dabei lässt es sich in den meisten Fällen oft nicht mehr genau sagen, ob das, was man über die Geschichte herausfindet nur auf Spekulation beruht, oder ob die Verfechter einer These sich nur auf ihre eigenen Vermutungen verlassen haben. Die wenigen Bruchstücke der Tarotgeschichte sind im Verlauf der letzten sieben bis acht Jahrhunderte so oft interpretiert und mit mehr oder weniger plausiblen Vermutungen angereichert worden, dass sich diese Wust aus Interpretationen, authentischen Informationen und Vermutungen nicht mehr entwirren lässt.

Einigermaßen sicher ist, dass es schon im Mittelalter, genauer gesagt um 1050 herum, Spielkarten gegeben hat. Dies lässt sich an Funden aus dieser Zeit nachweisen. Ob und inwieweit diese Karten etwas mit dem zu tun haben, was wir heute unter Tarot verstehen, lässt sich nicht mehr sagen. Jedenfalls lässt sich mit einigermaßen großer Sicherheit sagen, dass diese auf diesen Karten abgebildeten Dinge sich inhaltlich stark von der Thematik des Tarot unterscheiden. Man kann auch nur vage Vermutungen darüber anstellen, ob man diese Karten, die man überwiegend in China gefunden hat, nun in erster Linie zum Spielen oder zum Deuten der Zukunft benutzt hat.

Eine der am häufigsten genannten Theorien baut auf diesen Funden auf, dann man glaubt, dass die im elften Jahrhundert in Asien reisenden europäischen Kaufleute vielleicht von diesen Karten inspiriert wurden und sie deshalb mit nach Hause genommen haben. In Europa könnte dann anhand der asiatischen (in erster Linie chinesischen Vorlagen) ein Kartenspiel entstanden sein, das zwar einige Grundideen der kulturell fremden Ideen beibehalten, die Thematik aber den europäischen Verhältnissen und der dortigen Mentalität angepasst wurde.

Ähnliche Theorien gründen sich auf Kartenfunde in Saudiarabien und Indien. Wieder andere Erforscher des Geschichte des Tarot vertreten die Ansicht, die Karten oder zumindest die Idee dazu sei aus Afrika gekommen. Einer der glühendsten Verfechter dieser These ist der Italiener Covelluzo. Dieser setzt dass Erscheinen der Karten in Europa jedoch nicht schon im elften oder spätestens zwölften Jahrhundert an, sondern erst etwa 200 Jahre später.

Andere Forscher vermuten, dass die Ursprünge des Tarot schon viel früher zu suchen sind, auch wenn es damals wahrscheinlich noch keine Spielkarten im heutigen Sinne gab. So glaubt man, dass die Ursprünge des Spiels oder zumindest der kleinen Arkana bis in die Zeit des sagenhaften Königs Artus zurückreichen. Artus war ein britischer König gewesen sein, der wahrscheinlich im 5. Jahrhundert nach Christus gelebt hat. Ob es einen historischen Artus gegeben hat, ist bis heute nicht vollständig geklärt. Historisch ist in einem mittelalterlichen Geschichtsbericht die Rede von einem Heerführer Ambrosius Aurelianus, der bei der Eroberung Britanniens im Jahr 545 eine wichtige Rolle gespielt haben soll. Der Name Artus taucht erstmals im neunten Jahrhundert auf und wird mit eben diesem Heerführer in Verbindung gebracht. Bei dem Artus, der in der Sagenwelt des Mittelalters im Mittelpunkt steht, handelt es sich in erster Linie um einen mystischen König, der ursprünglich aus dem keltischen Sagenkreis stammt. Wenn es jemals einen historischen Artus gegeben hat, dann ist er im Lauf der Jahrhunderte so stilisiert und idealisiert worden, dass man ihn dahinter wohl kaum noch erkennen könnte. König Artus soll zusammen mit seinen Rittern der Tafelrunde (unter ihnen zum Beispiel Lohengrin, Parzival und Lanzelot) auf der Suche nach dem heiligen Gral gewesen sein. Diese heilige Gral war in den im Mittelalter verbreiteten Legenden ein mysteriöses Heiligtum, das noch nicht einmal genau konkretisiert werden konnte. Die gängigsten Meinungen gehen davon aus, dass es sich dabei wohl entweder um einen besonderen Stein oder um eine Art Schale oder sogar Kelch gehandelt haben soll, den Jesus beim Abendmahl mit seinen Jüngern benutzt haben soll. Diejenigen, die davon ausgehen, dass der heilige Gral eine Schale oder ein Kelch war, bringen diesen mit den kleinen Arkana in Verbindung, die ja auch eine Serie mit Kelchen enthalten. Aufbauend darauf hat man dann auch noch versucht, die Symbole der anderen drei Serien in dieser These unterzubringen: So glaubte man, die Münzen seien die zum Kelch dazugehörigen Teller, von denen Jesus und seine Jünger gegessen hätten. Die Schwerter sollen dagegen das Schwert des Königs David symbolisieren, die Stäbe sollen die Lanze des Römers gewesen sein, der Jesus nach der Kreuzigung verwundet habe.

Für diese These spricht, dass die Artussage sich im mittelalterlichen Europa äußerst großer Beliebtheit erfreute und es so durchaus hätte sein können, dass sie in Verbindung mit der damals doch noch sehr einflussreichen christlichen Religion einen gewissen Einfluss auf die Gestaltung von Spielkarten gehabt haben könnten.

Diejenige Volksgruppe, mit der das Tarot ebenso wie viele andere Möglichkeiten der Zukunftsdeutung in enge Verbindung gebracht wird, ist die der Zigeuner unterschiedlichster Herkunft. Hier gehen die Meinungen jedoch weit auseinander. Die eine Gruppe derer, die das Tarot mit den Zigeunern in Verbindung bringen, geht so weit zu sagen, dass diese die Karten nicht nur benutzt, sondern sogar auch erfunden haben. Dem widersprechen diejenigen, die der Ansicht sind, dass das Tarot einen außereuropäischen Ursprung hat. Sie können die genaue Herkunft der Karten zwar nicht benennen, aber sie erkennen den Zigeunern lediglich zu, die Tarotkarten und die mit ihnen verbundenen Ideen aufgegriffen zu haben. Sie glauben, dass die Zigeuner dadurch, dass sie den verschiedensten Menschen in aller Herren Länder die Zukunft aus den Tarotkarten gedeutet haben, erheblich zu deren Verbreitung beigetragen haben. Diese beiden Thesen stammen schon aus dem frühen 19. Jahrhundert und werden auch heute noch in Fachkreisen mit großer Vehemenz vertreten. Wer nun mit seine Behauptungen Recht hat, kann niemand mit absoluter Gewissheit entscheiden.

Da es schon im Mittelalter die unterschiedlichsten Arten von Sekten gab, von denen einige sehr bekannt waren und einen bedeutenden Einfluss hatten, wurde auch ihre Rolle bei der Verbreitung des Tarot immer wieder untersucht. Im Zuge dieser Untersuchungen kam es auch immer wieder vor, dass derartige Sekten oder auch Orden mit der Entstehung oder Verbreitung des Tarot in Verbindung gebracht wurden. Die hierbei erwähnten Orden sind jedoch nicht zu verwechseln mit rein christlichen Orden, die die Lehren der Kirche befolgt und folglich jede Art von Aberglauben abgelehnt haben. Die Sekte, die am häufigsten mit den Tarotkarten in Verbindung gebracht wird ist die Sekte der Katharer. Sie treten offenbar im zwölften Jahrhundert erstmals in Erscheinung. Sie waren der Ansicht, sie könnten ewiges Heil dadurch erlangen, dass sie sich von der realen Welt ganz fernhalten und allen ihren Genüssen entsagen. Schon nach relativ kurzer Zeit zerfiel diese Sekte in zwei Richtungen. Die einen blieben der alten Katharischen Lehre treu, die anderen spalteten sich ab und radikalisierten sich. Da diese Abspaltung in der Nähe der südfranzösischen Stadt Albi endgültig vollzogen wurde, nannten sich diejenigen, die sich abspalteten von diesem Zeitpunkt an Albigenser. Während die Katharer sich der Kirche gegenüber noch relativ friedlich und zurückhaltend verhielten, sprachen die Albigenser sich energisch gegen alle kirchlichen Lehren aus. Sie lehnten alle Formen christlichen Glaubens radikal und ohne Kompromisse ab. So erkannten sie die kirchlichen Sakramente nicht mehr an und sprachen sich gegen die Verwendung christlicher Symbole wie zum Beispiel das Kreuz oder Heiligenbilder aus. Überhaupt waren sie strikt dagegen, die von der Kirche anerkannten Heiligen zu verehren. Ein derartiger Kult existierte bei ihnen nicht. Die Reaktion der Kirche auf diese Verhalten ließ natürlich nicht lange auf sich warten und so wurde von päpstlicher Seite der Krieg gegen die unliebsame Sekte ausgerufen. Am Ende dieser Entwicklung stand die vollständige Ausrottung der den päpstlichen Truppen weit unterlegenen Albigenser im ersten Drittel der 14. Jahrhunderts.

Aber wie lassen sich die Katharer, bzw. die Albigenser mit dem Tarot in Verbindung bringen? Die Katharer gehörten zu einer Gruppe von Sekten, die Anhänger der Gnosis waren. Die Gnosis im engeren Sinn ist die Gotteserkenntnis, das heißt, Gott ist ein Mittel, um den Zugang zu übersinnlichen Dingen zu erhalten. Die Gnostiker stellten immer wieder tief philosophische Überlegungen an, mit deren Hilfe sie dann versuchten, die im Glauben an Gott enthaltenen Geheimnisse zu lüften und so nach dem Tod von allen Qualen erlöst zu werden.

Die Philosophie der Katharer sah dabei folgendermaßen aus: Die ganze Welt ist kein einheitliches, leicht überschaubares Gebilde, sondern wird durch den Kampf zweier entgegengesetzter Mächte bestimmt. Dabei teilt die Welt sich folgendermaßen auf: Das irdische, menschliche Dasein ist durch und durch schlecht und wird von einer negativen Macht beherrscht. Diese negative Macht hat die Herrschaft über das diesseitige Leben, wie sie es in seiner aktuellen Form erschaffen und nach seinen Menschen gestaltet hat. Selbst der Mensch kann diesem negativen Einfluss nicht entkommen, weil auch er von dieser negativen Macht erschaffen wurde und ihr deshalb unterworfen ist. Von dieser Seite betrachtet ist die Lage der Menschen also sehr aussichtslos. Es gibt allerdings auch eine Chance für den Menschen, der Macht dieser negativen Kraft zu entkommen. Ohne dass es von der ihn bestimmenden Macht gewollt war, hat sich nämlich im Inneren des Menschen ein Funken der positiven göttlichen Macht festgesetzt, die den Gegenpol des Schlechten, Hoffnungslosen darstellt. Um sich selbst zu befreien und um der negativen, teuflischen Macht zu entkommen, muss der Mensch den positiven Funken in sich jedoch zuerst einmal befreien, weil dieser in seinem Inneren gefangen ist. Der einzige Weg zur Befreiung diese Funkens ist die Erlangung der göttlichen Erleuchtung mit deren Hilfe der Mensch sich von allen irdischen Fesseln befreit. Um den Menschen diesen Weg zur persönlichen Befreiung und zur Erlangung der Erkenntnis zu zeigen hat Gott Christus geschickt, der die Menschen nun auf den richtigen Weg führen soll. Die Grundvoraussetzung dafür, dass dies funktioniert, ist die, dass der Mensch der materiellen Welt den Rücken kehrt und sich ganz darauf konzentriert, die göttliche Erleuchtung zu erlangen.

Das Tarot, genauer gesagt die 22 Trumpfkarten oder auch großen Arkana, dienten dabei angeblich dazu, potenziellen Sektenmitgliedern, die nicht lesen und schreiben konnten, die Ziele der Sekte zu veranschaulichen und auch einzuprägen. Dies war in einer Zeit, in der es nur einigen wenigen Gelehrten aus den höchsten Schichten des Volkes vorbehalten war Lesen und Schreiben zu lernen, gar nicht abwegig. Für diese These spricht auch, dass die betreffenden Karten nur einen kurzen Abriss der kartharischen Lehre geben konnten, der gerade genug Informationen enthielt, um ungebildete Menschen damit vertraut zu machen ohne sie mit einer unübersichtlichen Flut für sie unverständlicher Informationen zu verwirren.

Der Narr wird dabei als Sinnbild für den noch nicht von der negativen Macht und den materiellen Zwängen befreite Menschen: Er hat zwar etwas Göttliches in sich, aber er ist sich dessen noch nicht bewusst. Aus diesem Grund ist er auch noch nicht fähig, sich seiner Fähigkeiten zu bedienen, er ist also in gewisser Weise wirklich ein Narr. Die notwendigen Informationen um sich von allen Zwängen zu befreien, gibt diesem unwissenden Menschen schließlich der Magier, der im Gegensatz zu ihm über ein Wissen verfügt, das über den normalen Wissensstand eines Menschen weit hinausreicht. Er führt den Narren gewissermaßen - wie es in der gnostischen Lehre über Christus gesagt wird - auf den Weg, der ihn zur Erkenntnis bringt. In diesem Stil kann man auch die übrigen 20 Karten der großen Arkana deuten und kann so ein relativ geschlossenes Bild vom Glauben der Katharer und anderer an der Gnostik orientierten Glaubensgemeinschaften vermitteln. Ob die Tarotkarten von den Gnostikern wirklich in dieser Weise verwendet wurden, ist natürlich eine relativ offene Frage. Da diese Sekte allerdings alles Weltliche und somit auch jede Art der Vergnügung abgelehnt hat, dürfte eine Verwendung der Karten zum Glücksspiel jedoch ausscheiden. Die Verwendung zu erzieherischen Zwecken oder vielleicht auch zu einer Art von Bewusstseinserweiterung dagegen klingt im Zusammenhang mit dem Ziel, zu einer göttlichen Erkenntnis zu gelangen, jedoch plausibel. Für wie wahrscheinlich diese These nun insgesamt gehalten wird, bleibt jedem, der sie kennen lernt selbst überlassen.

Aber auch christliche Orden waren nicht frei von dem Verlangen, in die Zukunft sehen zu können und auf mystischen Weg Rat in den verschiedensten Lebenslagen zu erhalten. So gab es im ausgehenden zwölften Jahrhundert den anfangs sogar vom Papst anerkannten Orden der Tempelritter (auch Templerorden genannt). Das allgemein bekannte Erkennungsmerkmal dieses Ordens war seine charakteristische Kleidung, die aus einem weißen Mantel mit einem roten Kreuz bestand. Die Forschung hat mittlerweile Beweise dafür, dass die Mitglieder des in Jerusalem gegründeten Templerordens nicht nur im heutigen Israel lebten und arbeiteten, sondern dass sie sich auch bis nach Europa ausbreiteten. Die Mitglieder dieses Ordens waren nicht nur bestrebt, ihren Glauben zu praktizieren und im Einklang mit ihrer eigenen Lehre zu leben, sondern sie wollten auch anderen helfen. So waren Tempelritter an vielen Orten der Erde damit beschäftigt, christliche Pilger zu beschützen. Dazu gehörte insbesondere auch die Sicherung der Wege ins heilige Land. Das gute Verhältnis zur christlichen Kirch zerbrach jedoch spätestens im ausgehenden dreizehnten Jahrhundert. Anfang des vierzehnten Jahrhunderts wurde der Orden dann nachweislich von den Inquisitoren des Papstes vernichtet. Da der Grund für die Verschlechterung des Verhältnisses zwischen dem Orden und der Kirche alten Aufzeichnungen zufolge der Vorwurf des Abweichens von der christlichen Lehre, also der der Ketzerei war, drängt sich die Vermutung auf, dass die Tempelritter auch einem gewissen Aberglauben verfallen waren. Dies wiederum passt zu der von einigen Tarotkennern geäußerten Vermutung, dass die Tempelritter das Tarot kannten und zum Weissagen verwendeten. Vielleicht waren sie sogar die unbekannten Erfinder der Karten.

Allerdings häuften sich im Lauf der Zeit die Hinweise darauf, dass die Templer offenbar ungerechtfertigt beim Papst in Ungnade gefallen waren und dass die Ursache für ihre Verfolgung eine Verschwörung ihrer Gegner gewesen sei. Die Vermutung, dass eine Verschwörung der Anlass für diese Verfolgung gewesen sein könnte, ist schon alleine deshalb nicht abwegig, weil die Templer zu den Zeiten, als sie noch ein gutes Verhältnis zur Kirche hatten, beträchtliche Vorrechte genossen. Dies rief natürlich viele Neider auf den Plan, die versucht haben könnten, sich in Form einer Verschwörung an der Sekte zu rächen.

Ein weiterer Orden, der sich intensiv mit dem Tarot befasste, war der Orden der Goldenen Dämmerung. Er wurde allerdings erst im 19. Jahrhundert gegründet. Seine Anhänger waren ähnlich wie der Franzose Eliphas Lévi (von ihm wird später noch einmal die Rede sein) davon überzeugt, dass man die Tarotkarten mit der jüdischen Kabbala zusammenbringen könne. Die Kabbala hat allerdings nichts mit Karten zu tun, sondern geht einen anderen Weg: Sie versucht die Zukunft zu deuten, indem sie Buchstaben und das Verhältnis bestimmter Zahlen zueinander deutet. Die Mitglieder des Ordens ordneten die Karten dem in der Kabbala wichtigen Baum des Lebens und den bekannten Tierkreisen zu. Auf diese Weise wollte man einen engen Zusammenhang zwischen allen bisher bekannten und den von diesem Orden anerkannten Arten der Magie und der Zukunftsdeutung herstellen und diese so in das von dem Orden verfochtene Glaubenssystem eingliedern. Da die auf diese Weise zusammengefasste Lehre sich von der herkömmlichen Lehre in vielen Punkten unterschied, wollte man auch eigene Tarotkarten entwerfen, die der eigenen Lehre eher entsprachen als andere Tarotspiele. Dieses Vorhaben wurde allerdings nie richtig verwirklicht, über Konzeptionen für solche Karten kam der Orden der Goldenen Dämmerung nie hinaus. Ihre Ideen waren jedoch eine der Grundlagen für das in diesem Buch als Beispiel verwendetet Rider-Waite-Tarot. Sein Erfinder, der Engländer Waite, hat das Konzept des Ordens der Goldenen Dämmerung allerdings etwas verändert.

Auf der Suche nach den Ursprüngen des Tarot innerhalb Europas führen die Spuren immer wieder nach Italien. Erste Belege dafür, dass man hier Tarotkarten herstellte und auch verwendete, finden sich schon Ende des vierzehnten Jahrhunderts. Über die Verwendung der Karten lässt sich jedoch auch hier streiten. Unbestreitbar ist jedoch, dass sie von in der damaligen Zeit recht bekannten Künstlern für wohlhabende italienische Fürstenfamilien gemalt wurden. Da dies alles kaum bezahlbare Handarbeit war, kann man sich denken, dass die Auflagen, in denen die Karten (die eher Kunstwerke als Gebrauchsgegenstände waren) nur sehr gering waren. Schon alleine deshalb ist es verwunderlich, dass uns aus dieser Zeit überhaupt noch Reste von Tarotspielen vorliegen.

Eines der berühmtesten Beispiele ist das Tarotspiel, das der italienische Maler Bonifacio Bempo wahrscheinlich im fünfzehnten Jahrhundert für eine der in seiner Heimatregion ansässigen Fürstenfamilien gemalt hat. Der Name dieses Spiels ist 'Tarocchi', also der italienische Name des Tarot, der sprachgeschichtlich ganz offensichtlich sehr eng mit unserer Bezeichnung für das Spiel verwandt ist.

Das von Bempo gemalte Spiel hat den gleichen Aufbau wie das uns noch heute bekannte Tarot: 22 Trumpfkarten mit verschiedenen Abbildungen und 56 weitere Karten, die sich vier verschiedenen Serien zuordnen lassen. In diesem Fall war das Spiel allerdings wohl in erster Linie als Glücksspiel gedacht und eher weniger zum Deuten der Zukunft. Für diese 'Glücksspielthese' spricht vor allem auch, dass in mehreren historischen Schriftzeugnissen die Rede von einem Glücksspiel namens 'Trionfi', also 'Trümpfe' ist. Dies könnte ein Hinweis auf die auch als Trumpfkarten bezeichneten großen Arkana des Tarot sein. Wenn sich dies auch nicht beweisen lässt, so liegt der Gedanke jedoch zumindest sehr nahe.

Eine interessante Abweichung ergibt sich bei dem so genannten Bologneser Tarot. Es ist aufgebaut wie die meisten uns bekannten Tarotspiele, allerdings ist bei der Durchnummerierung der Karten die Nummer 20 mit der Nummer 21 vertauscht worden. Statt des Gerichtes hat demnach die Karte die Welt die Nummer zwanzig und umgekehrt. Dazu kommt, dass bei den kleinen Arkana jeweils die Nummern 2, 3, 4 und 5 fehlen. Ob eine Absicht dahinter steckt, oder ob es sich dabei lediglich um ein Missgeschick des Malers handelt, lässt sich nicht mehr feststellen.

Überhaupt passt das Tarot gut in den geistesgeschichtlichen Zusammenhang nicht nur der italienischen Renaissance. Dies liegt zum Einen daran, dass die Menschen, die es sich leisten konnten, anfingen, sich vermehrt für die bildenden Künste zu interessieren und diese entsprechend zu fördern. Wohl kaum ein Maler wäre auf die Idee gekommen Tarotkarten zu malen und zu verkaufen, wenn es nicht zahlungskräftige und zahlungswillige Abnehmer gegeben hätte. (Es sei denn der Künstler selbst wäre an der Weissagung und am Glücksspiel mit Tarotkarten interessiert gewesen. Es gibt jedoch keine Hinweise darauf, dass Renaissancekünstler sich Tarotkarten zum Privatvergnügen gemalt hätten.)

Die geistige Atmosphäre in der Renaissance trug ebenfalls ihren Teil dazu bei, dass man sich mystischen Dingen und Glücksspielen oder Zukunftsdeutungen zuwendete. Insbesondere wohlhabende und gebildete Menschen waren immer weniger dazu bereit, sich den strengen Lehren der Kirche bedingungslos zu unterwerfen. Sie begannen im Gegenzug immer mehr, sich von der Kirche abzuwenden oder sie kritisch zu betrachten. Auch wenn dies nicht von allen deutlich gezeigt wurde. Die Unzufriedenheit mit der christlichen Kirche war dann auch meist die Ursache dafür, dass man sich mit Glücksspielen und Zukunftsdeutungen befasste. Dies kam natürlich auch dem Tarot zugute, das immer beliebter wurde.

Ein weiterer Faktor, der die Verbreitung des Tarot auch über regionale Grenzen oder sogar Staatsgrenzen begünstigte war der, dass die verschiedensten Staaten miteinander Handel trieben und dass sich so auch fremde Einflüsse in den daran beteiligten Ländern bemerkbar machten. Aber gerade die Tatsache, dass sich die verschiedensten Kulturen in vielerlei Hinsicht gegenseitig beeinflussten, bereitet uns heute besondere Schwierigkeiten, weil aus diesem Wirrwarr sehr vieler verschiedener Einflüsse beim besten Willen nicht mehr zu erkennen ist, woher die einzelnen Einflüsse kamen. Dies wird umso schwerer, wenn man bedenkt, dass kulturelle Eigenheiten nur in den allerseltensten Fällen eine einzige Wurzel haben, sondern dass sie immer aus mehreren verschiedenen Einflüssen entstehen.

Ein weiterer interessanter Fund aus Italien stammt aus dem 15. Jahrhundert. Damals hat der italienische Maler Baldini ein dem Tarot ähnliches Kartenspiel gemalt. Allerdings enthielt dieses Spiel nur 50 Karten, die in fünf Serien zu jeweils zehn Karten unterteilt waren. Man kann mit diesen Karten nicht weissagen, zumindest dann nicht, wenn man mit einem der Deutung des Tarot ähnlichen System derartige Versuche unternimmt. Allerdings kann man auch nicht mit Sicherheit sagen, ob nicht vielleicht doch eine gewisse Verwandtschaft zwischen den beiden Systemen besteht.

Auf Grund der zahlreichen Kartenfunde in Italien hat man lange Zeit angenommen, Italien sei vielleicht das Ursprungsland des Tarot. Dabei wurde immer mal wieder eine bestimmte italienische Stadt als 'Geburtsort' des Tarot angesehen. Mal handelte es sich dabei um Mailand, mal um Florenz. Teilweise wurde auch Venedig mit dem Ursprung des Tarot in Zusammenhang gebracht.

Ähnliche Spuren wie die in Italien vorhandenen gibt es auch in Frankreich und es ist anzunehmen, dass sie Voraussetzungen für die Herstellung und Verbreitung der Karten hier ähnlich waren wie in Italien. Die in Frankreich gemachten Funde von Tarotkarten weisen sogar darauf hin, dass das Spiel hier vielleicht sogar schon länger bekannt war als in Italien. Das bekannteste französische Tarot dürfte dabei das Tarot de Marseilles sein, das auch heute noch teilweise vorhanden ist.

Das älteste in Frankreich erwähnte Tarotspiel ist das, das der französische Maler Charles Gringonneur am Ende des 14.

Jahrhunderts für König Charles VI. gemalt haben soll. Man vermutet, dass es sich bei diesem Spiel um das Spiel handelt, das in der Pariser Bibliothèque du Roi ausgestellt ist. Die Karten ziehen noch heute wegen ihrer Schönheit den Betrachter in ihren Bann.

Auch in Deutschland gibt es Hinweise auf die Herstellung und Verwendung von Tarotkarten, die bis ins Mittelalter zurück reichen, jedoch wird auch hier keine konkrete Auskunft über deren Verwendung oder Herkunft gegeben. Allerdings sind die meisten deutschen Hinweise auf das Tarot oder überhaupt auf die Verwendung von Spielkarten nicht in Form von Kartenfunden aufgetaucht, sondern durch Einträge in historischen Schriften. Diese sind allerdings in den meisten Fällen sehr allgemein gehalten und geben zudem auch keinen Aufschluss darüber, woher die erwähnten Karten gekommen sind.

Unabhängig davon, wo in Europa die Karten hergestellt wurden, ist die Thematik in den Grundzügen gleich, die Ausführungen der grundsätzlichen Ideen variieren jedoch von Künstler zu Künstler, oft sogar von Auftraggeber zu Auftraggeber. Dies liegt in der Natur des Tarot, denn jeder Mensch, der sich näher mit der Kunst des Tarotlegens befasst, wird im Lauf der Zeit seine eigene Interpretation für die Ausdeutung der Karten finden. Um erst einmal den richtigen Zugang zu den Karten zu finden, ist es zudem wichtig, dass das, was dargestellt wird, in einer für den Benutzer angenehmen und inspirierenden Weise gestaltet ist.

Die Erwähnung der Karten in den verschiedensten Aufzeichnungen gibt zwar Auskunft darüber, wo die Karten verwendet wurden, aber wenn wir nach ihren Ursprüngen suchen, bringen sie uns leider auch keinen Schritt weiter. Aus diesem Grund bleibt auch hier der Raum für Spekulationen weit. Sprachforscher haben den Ansatz gewählt, die Herkunft des Wortes Tarot zu untersuchen, doch auch dies hat sich als wenig hilfreich erwiesen. Viel mehr als eine Sammlung der verschiedensten nationalen Bezeichnungen für das Tarotspiel ist dabei nicht herausgekommen. Die unterschiedlichen Namen haben zwar allesamt denselben Ursprung, aber wo dieser liegt, ist bis heute nicht bekannt. Die Konsequenz ist, dass es auch auf diesem Gebiet eine schier endlose Reihe von mehr oder weniger berechtigten Vermutungen gibt. Diese sollen hier nicht näher erwähnt werden, weil sie letztendlich auch keine wirklich brauchbaren Hinweise liefern.

Dadurch, dass es niemandem so recht gelang, eine halbwegs plausible Geschichte des Tarot ausfindig zu machen, wurden die Vermutungen im Lauf der Zeit immer abstruser. So behauptete der Franzose Antoine Court de Gébelin im 18. Jahrhundert, die Tarotkarten seien ägyptischen Ursprungs und möglicherweise sogar von einem ägyptischen Gott der Magie geschaffen. Der Zweck der Karten soll dieser Theorie zufolge weder im Glücksspiel noch in der Zukunftsdeutung bestehen, sondern in der Weitergabe magischen Wissens. Zu dieser Annahme kam er, weil er glaubte, in den Tarotkarten die Kurzfassung oder auch nur einen Teil eines nicht mehr vorhandenen ägyptischen Magiebuches gefunden zu haben. Bisher haben sich allerdings mehr Gegenbeweise gefunden als Hinweise auf die Richtigkeit dieser These, die wohl eher in der Rubrik Hirngespinste einzuordnen ist. Wahrscheinlich ist der eigentliche, ihm vielleicht noch nicht einmal selbst bewusste Auslöser für diese These das zu seiner Zeit sehr große Interesse für Ägypten. Auch er selbst war sehr an der ägyptischen Geschichte und Kultur interessiert und die damals in seinen Kreisen herrschende, ägyptenfreundliche Atmosphäre könnte zumindest ein Mitauslöser für diese These gewesen sein. Dennoch hat diese These auch dem Tarot einen gewissen Nutzen gebracht, weil sie es nämlich bei vielen französischen Gelehrten, die Gébelins Zeitgenossen waren, interessant gemacht und so für seine Ausbreitung gesorgt hat.

Ein weiterer bekannter Theoretiker auf diesem Gebiet war wiederum ein Franzose, nämlich Alphonse Louis Constant, der vielen Menschen allerdings eher unter dem Namen Eliphas Lévi bekannt ist. Er versuchte das Tarot im Zusammenhang mit einem anderen System der Zukunftsdeutung zu erschließen, nämlich mit der jüdischen Kabbala. So hat er eine Auflistung gemacht, in der er jede der zweiundzwanzig Karten der großen Arkana einem der ebenfalls zweiundzwanzig Buchstaben des hebräischen Alphabets zugeordnet hat.

Auch diese Theorie hat die Erforschung der Tarotgeschichte in der Sache nicht viel weiter gebracht. Das Einzige, was er wirklich bewirkt hat, war eine gesteigertes Interesse an diesem Forschungsgebiet. Die endgültige Klärung des Problems steht jedoch nach wie vor aus und die Chancen, zu einem eindeutigen, befriedigenden Ergebnis zu gelangen, sind etwa gleich Null. Für Lévi waren die Tarotkarten jedoch die am besten geeignete Methode, um einen Blick in die Zukunft zu werfen.

Der Einstieg in das Deuten der Tarotkarten

Für denjenigen, der noch nie etwas mit Tarotkarten zu tun hatte, beginnt der Einstieg in die Deutung der Karten logischerweise mit der Auswahl und dem Kauf eines geeigneten Tarotdecks (So nennt man ein vollständiges Set an Tarotkarten!). Bei der Auswahl des Decks sollten der Preis und Empfehlungen anderer Leute, die sich mit dem Tarot beschäftigen, wenn überhaupt, dann nur eine sehr untergeordneten Rolle spielen. Entscheiden sollte nicht Ihr Verstand, sondern einzig und allein Ihr Gefühl. Dies hört sich vielleicht etwas sentimental an, aber wenn Sie erst einmal Ihre Erfahrungen mit verschiedenen Decks gesammelt haben, werden Sie feststellen, dass Sie nur zu einem solchen Deck den richtigen Zugang finden werden, mit dem Sie sich auch innerlich verbunden fühlen. Aus diesem Grund sollten Sie sich ruhig viel Zeit für die Auswahl nehmen. Wenn Sie sich nicht sicher sind, ob ein bestimmtes Spiel Ihnen zusagt oder nicht, sollten Sie den Kauf lieber noch etwas aufschieben und sich erst noch einige andere Decks ansehen. Wenn Sie Ihr erstes Tarotdeck sorgfältig genug auswählen, haben Sie aller Wahrscheinlichkeit eine Anschaffung fürs Leben gemacht, denn die meisten Menschen bleiben bei dem Tarotdeck, das sie am meisten angesprochen hat.

Ausnahmen gibt es lediglich dann, wenn einschneidende Erlebnisse den Menschen im Lauf der Zeit selbst stark verändern und sich diese Veränderung auch in einem geänderten Geschmack ausdrückt. Andere Lebensumstände beeinflussen die Gefühle von Menschen stark und so kann es auch sein, dass ein anderes Tarot sie mit einem Mal besser anspricht als das ursprünglich gekaufte.

Im Geschäft sollten Sie den Verkäufer ruhig darum bitten, Ihnen bei mehreren Decks die Verpackung zu öffnen, damit

Sie sich die Karten gleich im Original ansehen und auf sich wirken lassen können. Nehmen Sie die Karten ruhig eine Zeit lang in die Hand und versuchen Sie sich in die einzelnen Bilder zu vertiefen. So merken Sie am ehesten, ob Sie den richtigen Zugang zu ihnen finden oder nicht. Dabei sollten Sie sich auch die Rückseite anschauen, auch wenn diese Ihnen auf den ersten Blick überhaupt nicht wichtig erscheint. Allerdings sollten Sie bedenken, dass Sie bei vielen Legesystemen sehr viel länger die Rückseiten mancher Karten sehen werden als ihre Vorderseiten. Irritiert das Bild auf der Rückseite Sie zu sehr, so kann dadurch die ganze Stimmung verloren gehen und eine entspannte, angenehme Stimmung ist eine unabdingbare Voraussetzung dafür, dass man die Karten auf Grund seiner Intuition angemessen deuten kann.

Eine gute Hilfe ist es, wenn man dabei darauf achtet, dass die Rückseite überwiegend in der eigenen Lieblingsfarbe gehalten ist. Diese Farbe ist im Allgemeinen auch die Farbe, die in einem Menschen die positivsten und günstigsten Stimmungen hervorruft. Farben, die man nicht mag, rufen dagegen meist einen gegenteiligen Effekt hervor.

Außer dem Deck sollten Sie auch noch etwas kaufen, worin Sie die Karten aufbewahren können, falls Sie noch kein geeignetes Behältnis dafür haben. Leider werden die Karten nur in Pappkartons oder in Zellophanfolie verpackt angeboten. Daher sollte Sie sich überlegen, ob Sie sich nicht eine kleine Dose oder etwas Ähnliches kaufen sollten, in der Sie die Karten dann aufbewahren. Allerdings sollten Sie sie nicht einfach in ein Behältnis legen, sondern vorher noch in ein Tuch einwickeln. Für die Dose, Schachtel oder Kiste, sowie für das Tuch, das Sie verwenden wollen, gilt genau das Gleiche, was auch für die Karten gilt: Lassen Sie Ihren Geschmack und Ihr Gefühl entscheiden. Um die Karten vernünftig deuten zu können, sollte wirklich alles miteinander harmonieren, nur dann haben Sie ideale Voraussetzungen.

Wenn Sie ein für Sie persönlich geeignetes Deck gefunden haben, sollten Sie sich zu Hause ausgiebig Zeit nehmen, sich mit Ihren Karten vertraut zu machen. Sorgen Sie dafür zuerst einmal dafür, dass die äußeren Bedingungen stimmen. Sie sollten also möglichst eine Zeit wählen, in der Sie davon ausgehen können, dass Sie nicht gestört werden. Ideal ist dafür natürlich ein Tag, an dem man viel alleine ist. Stellen Sie den Anrufbeantworter an und möglichst alle in Frage kommenden Störfaktoren ab, damit Sie sich entspannen und innerlich für Ihre Karten öffnen können. Wenn Sie wollen, können Sie den Raum, in dem Sie sich aufhalten wollen, noch etwas abdunkeln und ansprechend beleuchten. Achten Sie dabei allerdings darauf, dass das Licht nicht zu gedämpft ist, denn Sie wollen Ihre Karte ja schließlich kennen lernen und dabei ist es wichtig, dass Sie auch Details sehen. Gerade die Details sind es oft nämlich, die bei einer Deutung den Ausschlag geben können, weil Sie bestimmte Assoziationen wecken und die Intuition verstärken.

Nehmen Sie sich für jede Karte so viel Zeit wie Sie glauben, dass Sie brauchen. Das können bei einer Karte fünf Minuten sein, bei einer anderen vielleicht eine halbe Stunde oder sogar mehr. Wenn es Ihnen hilft, können Sie sich zu jeder Karte einige Notizen machen und so festhalten, was Ihnen dazu einfällt.

Erst wenn Sie das Gefühl haben, dass Ihre Karten Ihnen nicht mehr fremd, sondern gute Bekannte geworden sind, sollten Sie einen Schritt weiter gehen.

Schauen Sie sich jetzt die Bedeutungen an, die den einzelnen Karten in diesem Buch zugeordnet sind. Diese sind allerdings nicht als Vorschriften anzusehen, sondern als Interpretationshilfe. Es gibt keine absolut richtige Deutung einer Karte. Jede Karte muss auf der Grundlage der ihr allgemein zugeschriebenen Bedeutung und gleichzeitig im Zusammenhang mit der persönlichen Situation des Menschen gesehen werden, der sie befragt oder auch befragen lässt.

Wenn Sie die Grundbedeutung der einzelnen Karten sozusagen verinnerlicht haben, können Sie sich der Ihrer individuellen Deutung der Karten zuwenden.

Wie sollte man eine Tarotsitzung vorbereiten?

Genau wie an dem Tag, als Sie sich zum ersten Mal intensiv mit Ihren Karten beschäftigt haben, um Sie kennen zu lernen, sollten Sie auch jetzt dafür sorgen, dass nichts und niemand Sie stört. An diesem Ort sollten Sie genug Platz für sich und Ihre Karten haben, denn es stört sehr, wenn man ständig auf dem Boden herumkriechen muss, um irgendwelche Karten aufzuheben, die auf Grund von Platzmangel gerade mal wieder heruntergefallen sind. Auf diese Weise können Sie sich ganz bestimmt nicht so sehr auf die Deutung konzentrieren wie es eigentlich notwendig ist.

Für die Konzentration und eine ergiebige Deutung ist es ebenfalls wichtig, dass die Atmosphäre an diesem Ort stimmt. Eine angenehme Raumtemperatur ist dabei genauso wichtig wie ein bequemer Sitzplatz. Wo Sie sich mit Ihren Karten hinsetzen, bleibt ganz alleine Ihnen überlassen. Wenn Sie lieber an einem Tisch sitzen, setzen Sie sich an einen Tisch, wenn Sie lieber auf dem Boden sitzen, setzen Sie sich dorthin. Die Hauptsache ist, dass Sie es sich bequem machen könnten. Wenn Ihr linker Fuß oder rechter Arm in regelmäßigen Abständen „einzuschlafen" droht, ist dies Ihrer Konzentration ganz gewiss nicht zuträglich.

Des weiteren sollten Sie beachten, dass Ihre Karten nicht direkt mit der Tischplatte oder dem Boden, auf dem Sie sie auslegen, in Berührung kommen. Dies hat zum Einen den praktischen Grund, dass auch auf einer sorgfältig gereinigten Fläche immer noch Staubkörner oder kleine Krümel sein können, die Ihre Karten im Lauf der Zeit regelrecht zerkratzen. Zum Anderen wird es Ihnen im Lauf der Zeit immer einfacher fallen, die Karten zu deuten, wenn Sie immer den gleichen Untergrund dabei sehen, als wenn Sie sich vielleicht immer mal wieder an einen anderen Untergrund gewöhnen müssen, denn auch auf Reisen werden Sie dann und wann Ihre Karten konsultieren. Als Unterlage können Sie dabei entweder das Tuch nehmen, in das Sie die Karten einwickeln, oder Sie kaufen sich ein Tuch oder eine Decke, die Sie nur zum Auslegen verwenden.

Wer sich besser entspannen und konzentrieren kann, wenn er seine Lieblingsmusik hört, kann diese selbstverständlich spielen. Allerdings sollten Sie sie nur als Hintergrundmusik verwenden, wenn die Musik zu laut ist, kann es sein, dass Sie beim Deuten gestört werden. Auch die Beleuchtung im Raum sollte so gewählt sein, dass Sie die notwendige Konzentration aufbringen können.

Das Rider-Waite-Tarot

Wie zuvor schon angedeutet hat das Rider-Waite-Tarot einen seiner Ursprünge in der esoterische Lehre des Ordens der Goldenen Dämmerung, der sozusagen ein Vorläufermodell dieses Decks entworfen hat.

Der Engländer A. E. Waite, dem wir dieses Deck verdanken, hat es auf der Grundlage dieser Entwürfe gestaltet, aber gleichzeitig auch einige Änderungen vorgenommen. Gemalt hat er die schönen Bilder allerdings nicht selbst, sondern hat die Malerin Pamela Colman Smith damit beauftragt, die nach seinen Anweisungen gearbeitet hat. Die Erstauflage der Karten konnte im Jahre 1910 erscheinen und zwar bei dem englischen Verleger Rider, der ihm auch einen Teil seines Namens gab.

Um zu verhindern, dass seine Gestaltung des Tarot falsch verstanden wird, und wahrscheinlich auch, um interessierten Leuten den Umgang mit den Rider-Waite-Deck zu erleichtern, erschien zusammen mit den Karten A. E. Waites Buch „The Pictorial Key to the Tarot", in dem Waite seine Vorstellungen über das Tarot und seine Deutungen erklärt.

Es gibt mehrere Gründe dafür, warum Waite Änderungen an den Bildern vorgenommen hat. Er wollte sich damit nicht nur von anderen, in Massen produzierten und als Ramsch zu verstehenden Decks abheben, sondern er wollte auch Karten schaffen, die seinen eigenen esoterischen Vorstellungen vollkommen entsprechen sollten. Dazu kommt, dass er mit diesem Tarot Anspruch auf Vollständigkeit erhebt. Diese Vollständigkeit ist nämlich ein Faktor, den er anderen Tarotsets nur zu gerne abspricht. Unvollständigkeit ist hier keine Bezeichnung dafür, dass eine Karte fehlt, sondern dass die anderen Karten seiner Meinung nach in esoterischer Hinsicht unvollständig oder unvollkommen waren. In seinen Augen waren diese Veränderungen kein Zeichen künstlerischer Freiheit, sondern dringend notwendige Korrekturen.

Welche Unterschiede gibt es zwischen dem Rider-Waite-Tarot und anderen Tarotdecks?

Einer der augenfälligsten Unterschiede ist der, dass der Narr in diesem Tarotdeck nicht wie gewöhnlich an der ersten oder vielmehr an der nullten Stelle steht (in anderen Tarotdecks hat der Narr die Nummer Null), sondern erst an der einundzwanzigsten. Damit steht er an vorletzter Stelle innerhalb der großen Arkana.

Dazu kommt, dass er die anderen Trumpfkarten teilweise anders gestaltet hat, als es über Jahrhunderte hinweg gebräuchlich war. Darauf wird bei der Beschreibung und Deutung der Karten noch eingegangen werden. Waite wollte damit die Karten so gestalten, dass sie der ihnen zugeschriebenen Bedeutung möglichst nahe kommen. Ob er dieses Ziel erreicht hat, muss jeder für sich selbst entscheiden.

Eine weitere wichtige Erneuerung springt dem Betrachter der kleinen Arkana direkt ins Auge: Die kleine Arkana zeigen hier nämlich im Gegensatz zu so gut wie allen anderen Tarotspielen nicht nur das für die betreffende Serie kennzeichnende Symbol (in unterschiedlicher Anzahl), sondern sie sind zu eigenen Szenen ausgestaltet, ähnlich wie die großen Arkana.

Die Bedeutung der Tarotkarten

Im Folgenden werden die Tarotkarten nicht nur beschrieben, sondern auch gedeutet. Diese Deutung ist jedoch nicht absolut zu setzen, sondern soll lediglich eine Orientierungshilfe darstellen. Diese Hilfestellung richtet sich in erster Linie an Tarotanfänger, die sich noch im Hinblick auf die individuell auf sich und ihre Situation zugeschnittene Bedeutung unsicher sind. Sie werden merken, dass Sie, je länger Sie sich mit den Karten und ihrer Deutung beschäftigen, umso sicherer im Umgang mit ihnen werden. Seien Sie mutig und kreativ, dann werden Sie den größten Nutzen aus den Karten ziehen und Sie werden sie bald nicht mehr missen wollen.

Die Bedeutung der großen Arkana

Obwohl Waite den Narr von seinem über Jahrhunderte hinweg zugewiesenen Platz am Anfang der großen Arkana verbannt und ihm einen anderen Platz zugewiesen hat, wollen wir hier doch mit dieser Karte beginnen. Zum Einen weil dieses Buch auch für die Menschen eine Hilfestellung sein soll, die sich ein anderes Deck als das Rider-Waite-Deck ausgesucht haben, zum Anderen weil der Narr eine der interessantesten Karten im Tarot ist.

Der Narr (Die Nr. 21 des Rider-Waite-Tarots)

Wer den Namen dieser Karte liest, ohne ihre Bedeutung zu kennen, hält sie wahrscheinlich für nicht allzu Vertrauen erweckend. Von einem Narren erwartet man alles andere als ernst zu nehmende Ratschläge und Auskünfte für die Zukunft. Allerdings sollte man beachten, dass die Bezeichnung

Der Narr

'Narr' nicht immer die rein negative Bedeutung hatte, die sie heute für uns hat. Im Mittelalter waren Narren teilweise sogar hoch geschätzt. Sie waren meist ungelernte Männer, die sich ihren Lebensunterhalt damit verdienten, dass sie an den Höfen von mittelalterlichen Herrschern diese selbst und die dort gerade anwesenden Leute belustigten. Sie dienten allerdings nicht nur der Belustigung, sondern hatten auch Vorrechte, die sonst niemand außer ihnen besaß. So durften sie dadurch, dass sie als nicht ganz ernst zu nehmend galten, Wahrheiten aussprechen, die andere sich verkneifen mussten. Wer als normal angesehen wurde, musste sozusagen mit den Wölfen heulen und durften den Herrscher unter keinen Umständen kritisieren. Die Narren dagegen wurden offiziell nicht ernst genommen und konnten sich derartige Äußerungen leisten. Einige Herrscher sahen ein, dass ihre Narren über eine gewisse Weisheit verfügten und nahmen einiges von dem was sie sagten, insgeheim auch an. Auf diese Weise konnte es durchaus sein, dass die Narren eine Art Vertrauter oder auch Ratgeber ihrer Herren waren, die einen weitaus größeren Einfluss besaßen, als man es offiziell zugegeben hätte.

So wurde dem Narren in den meisten Fällen zuerkannt, dass sein Geist eine explosive Mischung aus Genie und Wahnsinn darstellte, die man durchaus zu schätzen musste. Diese Ansicht ist auch ein guter Ansatz zur Deutung dieser Karte.

Wie bei vielen anderen der Waite-Karten ist der Hintergrund dieser Karte ein strahlendes Gelb. Damit wird beim Betrachter schon gleich eine positive Stimmung ausgelöst. Im unteren hinteren Teil des Bildes ist ein Gebirge angedeutet, das der Narr wohl schon durchwandert und hinter sich gelassen hat. Der Narr geht leichtfüßig und ohne jede sichtbare Anstrengung seinen Weg. Obwohl er auf einen Abgrund zugeht, scheint er sich nicht zu fürchten. Ob er diese Furcht nicht verspürt, weil er die drohende Gefahr nicht erkennt, oder weil er sich sicher ist, das ihm trotz aller Gefahren nichts passieren wird, lassen wir einmal dahingestellt. Die Beantwortung dieser Frage hängt davon ab, wie man den Narren interpretiert..

Im Gegensatz zu vielen anderen Darstellungen des Narren im Tarot ist dieser Narr sehr gut und aufwändig gekleidet. Er scheint also keine materielle Not zu leiden. Zudem sieht er jugendlicher aus als die meisten anderen Narren, die man aus früheren Tarotdecks kennt, denn er hat sehr junge, regelrecht verträumte Gesichtszüge. (In einigen wenigen Tarots ist der Narr allerdings auch als Kind dargestellt.) In der linken Hand trägt er eine Rose. Diese Rose, ein Sinnbild für Leidenschaft, ist genauso weiß wie die Sonne, die aus der rechten oberen Ecke der Karte auf sie scheint. Die rechte Hand und die rechte Schulter des Narren tragen einen Stock, an dem ein Bündel hängt. Was dieses Bündel enthält, muss die individuelle Interpretation der Karten ergeben.

Rechts von dem Narren ist kleiner Hund zu sehen, der neben seinem Herren herspringt. Dieser Hund kommt nicht in allen Darstellungen vor. Viele ältere Karten zeigen statt des Hundes eine weiße Katze. Dadurch, dass es diese Unterschiede in der Darstellung gibt, hat man in vielen Interpretationen der Karten darauf geschlossen, dass das, was damit symbolisiert wird, nicht auf ein bestimmtes Haustier bezogen ist. Da es etwas generell Tierisches ist, war der Schritt zu der Deutung des Hundes, bzw. der Katze als die animalische Seite, die jeder Mensch in seiner Gefühlswelt mit sich trägt, nicht mehr weit.

Der Narr wird im Allgemeinen so gedeutet, dass er ein Mensch ist, der sich in das geregelte Leben der Gesellschaft nicht einfügt und seinen eigenen Weg durchs Leben sucht. Da er nicht zur Gesellschaft gehören kann und wahrscheinlich auch nicht dazugehören will, fühlt er sich auch nicht an die in ihr geltenden Regeln gebunden und wird deshalb immer verachtet werden. Was den meisten Menschen jedoch verborgen bleibt ist, dass er dadurch, dass er nicht in gesellschaftlichen Zwängen gefangen ist, eine andere Sicht der Dinge hat. Diese andere Sicht hat für ihn großen Nutzen, weil er auf diesem Weg Erfahrungen und Erkenntnisse sammeln kann, die den so genannten normalen Menschen versagt bleiben, obwohl sie auch ihnen nützen würden. Dadurch, dass der Narr nicht in die Gesellschaft eingebunden ist, kann er sich auch einige Freiheiten mehr herausnehmen als andere und kann so mutiger in Bezug auf Veränderungen sein. Dies können sowohl persönliche Veränderungen sein, als auch solche, die auch auf die Gesellschaft ihre Auswirkungen haben. Wenn er merkt, dass der von ihm gerade eingeschlagene Weg seinen Vorstellungen doch nicht entspricht, kann er in jedem Fall umkehren und einen neuen Weg suchen. Dies kann er so lange machen, bis er es schafft, sich so weit selbst zu verwirklichen wie er es für richtig hält. Diese ungemein große Flexibilität hat den Narren bis heute in vielen konventionellen Kartenspielen als 'Joker' überleben lassen, also als eine Karte, die man immer anwenden kann, weil sie alle Bedeutungen haben kann.

Da der Narr noch unterwegs ist, um Erfahrungen zu sammeln, ist er noch nicht ins richtige Leben eingetreten. Manche Kartendeuter gehen sogar so weit zu sagen, dass er den ungeborenen und damit in gewisser Weise noch unfertigen Menschen darstellt.

In den meisten Tarots ist der Narr jemand, der seinen Weg noch suchen muss. Dies wird entweder dadurch verdeutlicht, dass man ihn als Kind darstellt, oder dass man ihn als Wanderer mit einem Päckchen zeigt, wie es das Waite-Tarot macht. Was dieses Päckchen enthält, ist eine weitere Frage, die der Interpretation bedarf. Manche Leute sagen, das Päckchen enthalte wenn überhaupt, dann nur sehr wenig, weil der Narr ja noch unerfahren ist. Andere glauben, dass er schon weiter auf seinem Weg fortgeschritten ist und dass er deshalb schon eine ganze Menge an Erfahrungen in diesem Päckchen gesammelt hat, von denen die anderen Menschen profitieren könnten, wenn sie nur wollten. Das kleine Päckchen könnte jedoch auch bedeuten, dass der Narr nicht viel braucht, um zufrieden zu sein und seinen Weg zu gehen. Er ist frei von allen überzogenen materiellen Ansprüchen und unterliegt keinerlei Konsumzwang, um es einmal modern auszudrücken.

Mit Unerfahrenheit wurde auch die weiße Rose gedeutet, die der Narr im Waite-Tarot in der Hand trägt. Die Rose ist ein Symbol für Leidenschaften. Die weiße Farbe weist gleichzeitig auf Unschuld und Unerfahrenheit hin. Offensichtlich hat man es hier damit zu tun, dass jemand zwar unerfahren ist, aber dennoch begierig ist, möglichst viele neue Erfahrungen zu machen, um etwas mehr Weisheit zu erlangen.

Den Narren des Waite-Tarots zeichnet zudem ganz offensichtlich ein großes Vertrauen in sich und die Welt aus, weil er mit entspanntem Blick auf einen gähnenden Abgrund zugeht und sich nicht davor zu fürchten scheint, dass ihm etwas passieren könnte. Diese Eigenheit wurde oft so gedeutet, dass man glaubte, der Narr wolle den Betrachter dazu auffordern, ruhig etwas mutiger zu sein, auch wenn die Voraussetzungen schlecht sind. Zudem scheint er in vollkommener Harmonie mit sich selbst zu sein, ein Zustand, den viele gewöhnliche Menschen sich erträumen.

Dies sind Deutungen und Beschreibungen, die auf individueller Interpretation beruhen. Es gibt jedoch auch für jede Karte eine Deutung, die als Grundbedeutung angesehen werden kann, an der vor allem Anfänger sich orientieren können. Wichtig ist, dass diese so genannte divinatorischen Bedeutung nicht absolut gesetzt wird und so den Blick für andere, weiter gehendere und individuellere Deutungen verstellt.

Im Fall des Narren verbindet man mit dieser Karte einen starken Einfluss, der von außen an den Menschen herangetragen wird. Wie stark dieser Einfluss sein kann, hängt davon ab, wie stark der jeweilige Mensch sich beeinflussen lässt. Ob es sich dabei nun um einen guten oder schlechten Einfluss handelt, kann man allerdings nicht allein daraus ableiten, dass die Karte auftaucht. Um dies herauszufinden, muss man darauf achten, ob die Karte richtig herum liegt oder ob sie auf dem Kopf steht. Als Faustregel lässt sich sagen, dass Karten, die richtig herum liegen, eher die positive Seite ihrer Bedeutung aussagen und dass solche, die falsch herum liegen, dementsprechend eher als negativ anzusehen sind. Des weiteren muss man beachten, welche Karten in der unmittelbaren Umgebung einer Karte auftreten. Handelt es sich hierbei eher um Karten mit negativer Bedeutung, so wird die im Mittelpunkt stehende Karte dadurch in ein negativeres Licht gerückt. Wenn die Karten in der Umgebung eine positive Bedeutung haben, kann dadurch eine negative Bedeutung einer Karte relativiert werden. Wenn man mehrere positive Karten hat und auch nur eine davon liegt falsch herum, so kann man damit rechnen, dass bei positiven Ankündigungen doch noch ein Wermutstropfen dabei sein kann.

Dass die Figur des Narren oft so dargestellt wird, dass sie gelassen auf einen Abgrund zugeht, wird im Allgemeinen so verstanden, dass sie bereit ist, Herausforderungen anzunehmen und dass der Fragende damit ermutigt werden soll, derartige Herausforderungen als etwas Positives anzusehen und nicht als etwas, das man fürchten muss. Ist der Narr in diesem Fall allerdings von negativen Karten umgeben, so sollte man bei Problemen, die zu bewältigen sind, bei allem Selbstvertrauen sehr vorsichtig sein und nur nach intensiver Überlegung handeln, denn sonst kann es äußerst negative Folgen haben, vom normalen Weg abzuweichen. In diesem Fall ist es sehr wahrscheinlich, dass man vielleicht sogar das Richtige tut, allerdings zur falschen Zeit oder in der falschen Situation. Ist der Narr dagegen von positiven Karten umgeben, so kann man ruhig etwas mutiger sein und vielleicht auch einmal ein kleines Risiko eingehen.

Der Narr wird oft auch als Spiegelbild eines jeden Menschen angesehen, das die Seiten der Persönlichkeit verkörpert, die meistens im Verborgenen bleiben. Wer also glaubt, einen Teil seiner Persönlichkeit in dieser Karte wieder zu finden, ist oft schon auf dem richtigen Weg.

1. Der Magier

Zu Magiern haben viele Menschen ein zwiespältiges Verhältnis: Einerseits bewundern sie sie wegen ihrer scheinbar übermenschlichen Fähigkeiten, andererseits stehen sie ihnen mit Unbehagen gegenüber, weil man ihnen oft unsaubere Tricks nachsagt und an ihrer Ehrlichkeit zweifelt. Ähnlich war es auch in der Geschichte des Tarot mit der Deutung dieser Karte. Diejenigen, die die eher schlechten Seiten der Magier in den Vordergrund stellten, haben den Magier als Gaukler dargestellt (und auch so genannt), andere, die - wie auch Waite - eher an das Gute dieser Figur glaubten, haben ihn entsprechend positiver dargestellt.
Diese Karte steht im engen Zusammenhang mit der des Narren, denn der Magier ist in gewisser Weise der weiterent-

Der Magier

wickelte Narr. Der Narr hat Erfahrungen gemacht und ist dadurch gereift und kann seine Erfahrungen jetzt anwenden. Auch hier ist der Hintergrund ein leuchtendes Gelb. Durch die in der oberen und der unteren Hälfte des Bildes abgeordneten Blumen erhält die Karte eine Art äußeren Rahmen. Diese Blumen können als Zeichen für die Kreativität des Magiers interpretiert werden. Der Magier selbst steht hinter einem schlichten Holztisch, auf dem die vier Symbole liegen, durch die die kleinen Arkana in verschiedene Serien gegliedert werden: Kelch, Schwert, Stab und Münze. Kelch und Münzen sind ebenfalls gelb gezeichnet. Gelb lässt sich dabei als Ersatz für Gold sehen und dürfte deshalb ein Hinweis darauf sein, dass die Gegenstände, die sich auf dem Tisch befinden, sehr wertvoll sind. Dies ist allerdings nicht bei allen Tarotkarten der Fall. Es gibt einige Sets, in denen der Magier Schuhmacherwerkzeug vor sich auf dem Tisch ausgebreitet hat. In diesen Fällen heißt die Karte folgerichtig auch nicht der 'Magier', sondern der 'Schuhmacher'. Eine einleuchtende Deutung der auf dem Tisch ausgebreiteten Gegenstände wäre die, dass der Magier damit die Erfahrungen, die er in der Vorstufe als Narr auf seiner Wanderschaft gefunden hat, vor sich ausgebreitet hat und dass er nun darangeht, sie zu nutzen.

Der Magier selbst ist noch jung, aber anscheinend nicht mehr so jung wie sein Vorgänger, der Narr. Die Erfahrungen, die der Narr auf seiner Wanderung durch oder ins Leben gemacht hat, haben sich anscheinend in den Gesichtszügen bemerkbar gemacht. Um seinen Kopf trägt er ein weißes oder vielleicht auch silbernes Band. Seine Kleidung ist in den Farben weiß und rot gehalten. Die weißen Kleidungsstücke symbolisieren noch immer Reinheit. Reinheit ist in diesem Fall jedoch nicht mehr mit Unerfahrenheit gleichzusetzen, sondern mit reiner Gesinnung: Der Magier hat Erfahrungen gemacht und will das so erworbene Wissen zum Wohl aller anwenden und nicht nur zu seinem eigenen Vorteil.

Die rote Farbe seines Umhanges steht für Leidenschaft. Der Magier verfügt also nicht nur über ein gewisses Maß an Wissen, sondern auch über Leidenschaft und somit über den Willen zum Erreichen seiner Ziele.

In der rechten Hand hält der Magier eine Art Stab. Diesen Stab hält er mit ausgestrecktem Arm senkrecht nach oben. Die linke Hand des Magiers ist dagegen leer. Der Zeigefinger der linken Hand ist jedoch ausgestreckt und zeigt auf die Erde. Linke und rechte Hand bilden so eine durchgehende Linie. Dies wird übereinstimmend so gedeutet, dass der Magier über den nach oben (somit also in Richtung Himmel) gerichteten Stab Kraft aus himmlischen Sphären aufnimmt, diese durch seinen Körper fließen lässt, und dann über den Zeigefinger der linken Hand in die Erde strömen lässt. So wirkt er als Leiter für die himmlische Kraft zwischen Himmel und Erde und ermöglicht es so erst, dass Teile dieser himmlischen Kraft auf die Erde übergehen. Er verbindet damit die geistige himmlische Welt mit der realen menschlichen Welt und dient so als Vermittler zwischen beiden. Der Narr nutzt damit allerdings nicht nur der restlichen Welt, sondern auch sich selbst, weil die aus dem Himmel kommende Kraft ihm beim Durchströmen seines Körpers selbst Energie gibt und ihm die nötige Motivation für seine Handlungen verschafft. Einige Interpreten haben den Magier mit dem griechischen Sagenhelden Prometheus verglichen, der versucht hat, göttliche Kraft in Form von Feuer auf die Erde zu bringen.

Über dem Kopf des Magiers schwebt eine liegende Acht, das Zeichen für Unendlichkeit. Die gleiche Symbolik liegt auch in der Schlange, die sich um die Hüfte des Magiers windet. Sie beißt sich in ihren eigenen Schwanz und wird so zu einem Ring, der eben auch ein Symbol für Unendlichkeit ist. Damit wird unendliches Leben und die unendliche Macht des heiligen Geistes symbolisiert.

Dadurch, dass der Magier eine intensive Entwicklung (vom unwissenden Narren zum allwissenden Magier) durchgemacht hat, hat er auch eine gewisse Kraft und Selbstbewusstsein. Seine aktive Rolle in der Welt bringt es allerdings mit sich, dass er nicht mehr über den Dingen steht, sondern dass er sich mit dem Leben und mit den Menschen auseinander setzen muss. Dadurch, dass er sich in einem früheren Entwicklungsstadium so viel verschiedenes Wissen aneignen und viele verschiedene Wege gehen konnte, hat er auch die Möglichkeit, verändernd auf die Welt einzuwirken, indem er sie an seinem Wissen teilhaben lässt. Das große Maß an Wissen verschafft ihm zudem das notwendige Selbstbewusstsein und die notwendige Kraft zur Durchsetzung seiner Ziele. (Symbolisiert in seiner roten Kleidung; s. o.)

Die divinatorische Bedeutung dieser Karte ist folgerichtig in erster Linie ungebrochene Willensstärke, die sich auf große Welterfahrung gründet. Da er tiefe Einblicke ins Leben hat, weiß der Magier auch sehr genau, dass er manchmal Risiken eingehen muss, um Ziele zu erreichen. Sein Charakter ist so geschult im Anpassen an neue Situationen, dass er keine Schwierigkeiten hat, flexibel zu sein. Wenn der Fragesteller über diese Eigenschaften noch nicht verfügt, so ist sie als Aufforderung zu sehen, sein Leben entsprechend umzugestalten, weil er so weitaus mehr erreichen kann. In diesem Sinne deutet er auch den Beginn eines neuen Lebensabschnittes an. Wer über diese Eigenschaften verfügt, ist sich seiner durch das Wissen und die Erfahrungen verliehenen Macht bewusst und kann diese Macht auch verantwortungsvoll einsetzen. Verantwortungsvoll heißt hier in erster Linie, dass derjenige, der diese Macht hat, sie nicht zu eigennützigen Zwecken einsetzt, sondern so, dass alle anderen mit ihm davon profitieren.

Die positiven Eigenschaften können jedoch auch hier ins Gegenteil umschlagen, wenn die Karte auf dem Kopf steht oder wenn die Nachbarkarten entsprechend negativ sind. In diesem Fall deutet die Karte an, dass der Fragesteller unter ausgesprochener Willensschwäche leidet und dass dies dazu führt, dass er sich zu zurückhaltend und ängstlich verhält. In vielen Fällen wird auch angedeutet, dass er nicht in der Lage ist, mit der Realität klarzukommen und dass er sich deshalb in Scheinwelten flieht. Ein solcher Mensch kann schon alleine deshalb keinen Nutzen aus der ihm gegebenen Macht ziehen, weil er zu viel Kraft dadurch verschwendet, dass er ängstlich und aufgeregt ist. Die so verschwendete Kraft kann er nicht mehr positiv einsetzen und letztendlich profitiert dann niemand mehr davon.

Es kann aber auch eine weitaus negativere Eigenschaft zum Tragen kommen: Der rücksichtslose und egoistische Machtmissbrauch eines Menschen, der zum Erreichen seiner Ziele über Leichen geht.

2. Die Hohepriesterin

Im Vergleich zu den beiden ersten Karten wirkt diese auf den ersten Blick etwas düster, davon sollte man sich allerdings nicht täuschen lassen.

Genau in der Mitte des Bildes sitzt eine aufwändig gekleidete Frau. Ihre Kleider sind hellblau und scheinen aus sehr weichem, fließenden Stoff gemacht zu sein. Aus einem Stoff also, den sich früher nicht jeder leisten konnte. Auf dem Kopf trägt die Hohepriesterin eine auffallend große Krone,

Die Hohepristerin

DIE HOHEPRIESTERIN

in deren Mitte sich eine Kugel befindet. Diese Kugel symbolisiert aller Wahrscheinlichkeit nach die Weltkugel. Auf der Brust der Frau ist ein Kreuz angebracht, das aber nicht unbedingt auf das Christentum hinweisen muss, denn eine Hohepriesterin, in gewisser Weise ein weiblicher Papst also, wäre für die Kirche im Mittelalter mindestens genauso undenkbar gewesen wie heute. Wenn man das Kreuz als christliches Kreuz interpretiert, kann man die Hohepriesterin allenfalls als Darstellung der Mutter Gottes ansehen. Dies wiederum lässt sich nur dann rechtfertigen, wenn man es mit der wichtigeren Stellung, die der Mutter Gottes im Lauf der Zeit durch die Kirche zugesprochen wurde, in Verbindung bringt. Da das Tarot aber aller Wahrscheinlichkeit nach nicht christlichen Ursprungs ist, muss man andere Interpretationsansätze suchen, die einleuchtender sind.

Ein solcher Ansatz lässt sich in der Geschichte des Mittelalters finden. Dort ist gleich von zwei weiblichen Päpsten die Rede. Einmal von einer Päpstin Johanna und einmal von einer anderen Päpstin, die aus der reichen italienischen Familie Visconti gestammt haben könnte. Die Frau, von der als Päpstin Johanna die Rede ist, existiert allerdings aller Wahrscheinlichkeit nur in der mittelalterlichen Sagen- und Legendenwelt. Man erzählte sich, sie habe sich als Mann verkleidet und sei in der Kirche im Lauf der Zeit bis zum Rang des Papstes aufgestiegen. Dieser Sagen- und Legendenfigur steht eine offenbar historische Frau namens Manfreda Visconti gegenüber. Sie ist tatsächlich zur Päpstin gewählt worden, aber natürlich nicht von der christlichen Kirche in Rom. Diejenigen, die sie zu ihrer Päpstin gewählt haben, war eine wohl schon fast als Sekte zu bezeichnende Gruppe von Italienern, die daran glaubten, dass ihr eigener Gott irgendwann auferstehen und eine neue Kirche gründen wolle. Diese neue Kirche sollte sich von der herkömmlichen Kirche dadurch unterscheiden, dass sie die Frauen auch in hohen Ämtern Zugang verschaffen würde. Aus diesem Grund glaubten die Mitglieder dieser Sekte daran, dass ihr Gott direkt nach seiner Auferstehung eine Frau zur Päpstin ernennen würde. Da nicht bekannt war, wann genau dies passieren würde, wollten die Sektenmitglieder dem schon vorgreifen und ernannten Manfreda Visconti zu ihrer Päpstin. Die Reaktion der Kirche darauf war natürlich entsprechend drastisch: Die Päpstin wurde kurzerhand verbrannt.

Unter dem Umhang der Frau auf dem Rider-Waite-Tarot kann man eine große Schriftrolle erkennen, die mit dem Namen Tora versehen ist. Ein Teil der Rolle bleibt jedoch verdeckt, denn in dieser Rolle stehen Dinge, die Normalsterblichen nicht zugänglich sein sollen: das geheime Gesetz Gottes und seine unermessliche Weisheit.

Der linke Rand des Bildes wird von einer schwarzen Säule gebildet, der rechte Rand von einer weißen Säule. Auf der schwarzen Säule ist ein weißes B aufgemalt, auf der linken Säule ein schwarzes J. Schon alleine die vollkommen entgegengesetzten Farben der Säulen weisen darauf hin, dass sie für zwei vollkommen entgegengesetzte Dinge stehen. Je nach dem, wie man die auf die Säulen aufgemalten Buchstaben interpretiert, kommt man sogar zu einer relativ schlüssigen Interpretation: Wenn man annimmt, dass der Buchstabe B für das Wort Boaz und der Buchstabe J für das Wort Jakin steht, erhält man auf diese Weise die Namen von zwei Pfeilern des Jerusalemer Tempels. Diese beiden Pfeiler stehen für den Dualismus zwischen Mysterium und Bewusstsein. Wer zwischen diesen beiden Pfeilern hindurch geht, erhält Zugang zu göttlicher Weisheit. Da diese den Menschen verschlossen bleiben soll, ist der Durchgang durch einen aufwändig verzierten Vorhang versperrt, nicht zu letzt auch deshalb, weil man damit neugierige Blicke abhalten will. Das

Stickmuster auf dem Vorhang dürfte Palmwedel und Granatäpfel darstellen.

Auf dem Boden vor der Hohepriesterin liegt eine Mondsichel. Über die Bedeutung dieser Sichel lässt sich streiten. Klar ist jedoch, dass der Mond in so ziemlich allen Sprachen der Erde außer dem Deutschen als der weibliche Planet im Gegensatz zur männlichen Sonne angesehen wird.

Die Hohepriesterin steht für Energie und Tatkraft, die in ernsthafter Weise verwirklicht wird. Sie kann ihrer inneren Intuition folgen und macht dadurch keine Fehler. Dies trifft natürlich nur zu, wenn die Karte richtig herum liegt. Ist dies nicht der Fall, verschätzt der Fragesteller sich oft und beweist keinen besonders sicheren Instinkt.

Diese Frau strahlt Ruhe aus, aber gleichzeitig ahnt der Betrachter auch die Kraft, die auf Grund ihrer Stellung in ihr stecken muss. Deshalb steht sie auch für die mehr oder weniger verborgenen Kräfte, die noch im Fragesteller stecken. Wenn die Karte richtig herum liegt, kann der Fragesteller diese Potenziale auch richtig einsetzen. Liegt die Karte falsch herum, vergeudet er seine Kraft entweder mit sinnlosen Dingen oder er zögert damit, sie einzusetzen und verpasst dadurch günstige Gelegenheiten. Das Gefühl siegt hier oft über den Verstand, wodurch der Mensch sich in unangenehme Situationen manövrieren kann.

3. Die Herrscherin

In der Mitte dieses Bildes sitzt eine Frau mit blonden Haaren. Sie hat ein mit roten Blumen verziertes Kleid an und sitzt auf einer bequem gepolsterten Bank. In der rechten Hand hält sie ein Zepter, dessen Kopf offenbar die Weltkugel ist.

Die Herrscherin

Damit wird angedeutet, dass sie wenn auch nicht die Alleinherrschaft, sie doch zumindest großen Einfluss auf die Welt hat. Auf dem Kopf trägt sie eine Krone, die aus genau zwölf Sternen besteht. Genau so viele Sterne also wie es Tierkreiszeichen gibt. Aus diesem Grund kann man davon ausgehen, dass die Sterne diese symbolisieren. Die Kette, die sie um den Hals trägt, besteht bei genauem Hinsehen aus neun Perlen. Zumindest sind nur neun Perlen sichtbar. Da alles Wesentliche auf den Tarotkarten zu sehen ist, kann man darauf schließen, dass nur neun Perlen von Bedeutung sind. Diese kann man dann wiederum mit den neun wichtigen Planeten unseres Sonnensystems in Verbindung bringen. Auf diese Weise schmückt sich die Herrscherin mit den wichtigsten Bestandteilen des Universums. Dadurch wird ihre weltliche Macht, die durch die Weltkugel in ihrer Hand symbolisiert wird, auf das ganze Universum ausgedehnt. Dieser beherrschenden Stellung entspricht auch die mit vielen Stickereien verzierte, aufwändige Kleidung der Frau. Direkt neben der Frau auf dem Boden ist ein herzförmiger Gegenstand zu sehen, der das Zeichen der Liebesgöttin Venus enthält. Dieser Gegenstand wird im Allgemeinen als Schild identifiziert.

Im Vordergrund fällt ein offenbar üppiges Kornfeld auf, das zusammen mit dem Wasserfall oder Fluss, der auf der rechten Bildseite zu sehen ist, für die Fruchtbarkeit und die Natur stehen könnte. Für diese These spricht auch, dass im Hintergrund gut gewachsene, mit Blättern behangene Bäume zu sehen, die offenbar gut gedeihen. Tatsächlich ist es so, dass die Herrscherin im Tarot neben Liebe und Güte auch Fruchtbarkeit symbolisiert. Dieser Deutung entspricht auch das Aussehen der Frau: Sie hat ein volles, rundes Gesicht und schaut dem Betrachter wohlwollend entgegen. Auch sitzt sie auf einem weich gepolsterten Thron, was gut zu ihrer üppigen Erscheinung passt. Dadurch könnte genauso Mütterlichkeit symbolisiert werden. Sie ist selbst jemand, der es gerne bequem hat, und hat es wahrscheinlich auch gerne, wenn sie es anderen Menschen bequem machen und sie umsorgen kann. Dazu kommt, dass die Herrscherin im Tarot immer wieder mit der antiken Fruchtbarkeitsgöttin Demeter in Verbindung gebracht worden ist. Im Gegensatz zum Herrscher, der für Aggressivität und Angriffssucht steht, mit der er materielle Dinge verteidigt, steht sie also für die geistigen Seiten des menschlichen Daseins. Das Gefühl ist ihre eigene Domäne.

Wenn man nun die divinatorische Bedeutung der Karte betrachtet, so kommt man zu folgendem Schluss: Die Herrscherin steht für Fruchtbarkeit und könnte somit die Geburt eines Kindes andeuten. Es kann aber auch sein, dass dem Fragesteller eine neue Beziehung ins Haus steht, denn die Herrscherin symbolisiert ja auch Gefühl und Leidenschaft. Die dabei angedeuteten Gefühle sind durchweg positiv zu bewerten, er sei denn, die Nachbarkarten sind sehr negativ. Das Gleiche ist natürlich auch wieder der Fall, wenn die Karte auf dem Kopf steht. In beiden Fällen kann es sein, dass ehrliche Gefühle des Fragestellers nicht erwidert werden oder dass er selber anderen Personen unehrliche Gefühle entgegenbringt. Wenn die Gefühle dennoch positiv sind, kann es sein, dass sie das Leben des Fragestellers zu sehr beherrschen und dass er darüber alles Wichtige (Beruf, Familie, Verpflichtungen gegenüber anderen Menschen etc.) vergisst. Ehrliche Gefühle drohen bei einer derartigen Kartenkonstellation in vielen Fällen zu purer Genusssucht zu verkommen und werden zum Selbstzweck.

Außerdem kann eine auf dem Kopf stehende Herrscherin auch das Gegenteil von Gefühl, nämlich Gefühlskälte symbolisieren.

4. Der Herrscher

Der Herrscher ist das Gegenbild zu der weichen, lebenslustigen und mütterlichen Herrscherin. Dies wird auch schon durch die Wahl der Farben auf der Karte deutlich. Sie sind düsterer als bei der Herrscherin. Dazu kommt, dass die ganze Umgebung sehr karg ausgestattet ist. Der Hintergrund ist nur angedeutet. Der obere Teil der Hintergrundes ist eine einfache, glatte Fläche. Der untere Teil erinnert an eine raue, zerklüftete Gebirgslandschaft - ein krasser Gegensatz zu der fruchtbaren, belebten Umgebung der Herrscherin. Im Gegensatz zu dem weich gepolsterten Sitz der Herrscherin hat der Herrscher einen ungepolsterten, grauen Steinthron. Die einzige Verzierung dieses kahlen Thrones sind vier Widderköpfe. Diese stehen für das Tierkreiszeichen Widder, das wiederum mit Aggressivität und Angriffslust in Verbindung gemacht wird. Dazu kommt, dass dem Sternbild des Widders der Planet Mars zugeordnet wird, der Planet also, der den Namen des Kriegsgottes trägt. Auch die Kleidung des Herrschers deutet auf Krieg hin. Er trägt zwar auf den ersten Blick erkennbar Kleidung aus braunem, bzw. rotem Stoff, aber unter dieser Kleidung sieht man eine Ritterrüstung, also das Symbol für Kriegerkleidung schlechthin. Ebenso ist der Gesichtsausdruck des Herrschers in keinster Weise mit dem der Herrscherin zu vergleichen. Während sie sehr wohlwollend und weich aussieht, wirkt der Herrscher wie versteinert und unnahbar. Er blickt stur geradeaus, entweder durch den Betrachter hindurch oder an ihm vorbei; sein Gesichtsausdruck entspricht dem steinernen Thron. Auf dem Kopf trägt er eine Krone, die als Symbol für seine Machtstellung zu verstehen ist. Als weitere Insignien der Macht trägt er in der rechten Hand ein Zepter, das einem ankh, also einem ägyptischen Symbol für das Leben nachempfunden ist. In der linken Hand hält er in der linken Hand eine goldene Weltkugel. Damit zeigt sich, dass er sowohl über das Leben herrscht, als

Der Herrscher

auch über die Welt insgesamt. Wer über das Leben anderer bestimmen kann hat in gewisser Weise göttliche Macht. Mittel zur Ausübung dieser Macht ist der Krieg. Der Krieg hat jedoch zwei Seiten: Einerseits dient er der Wahrung eigener Interessen und somit eventuell auch dem Schutz des Lebens solcher Völker, die von außen bedroht werden; durch den Krieg werden jedoch auch unzählige Menschen getötet, auch solche, die unschuldig sind. Diese zerstörerische Macht des Herrschers flößt nicht nur Angst, sondern auch Respekt ein.

Wenn die Herrscherin als Symbol für Fruchtbarkeit und Mütterlichkeit anzusehen ist, so ist der Herrscher als ihr Gegenbild also im schlimmsten Fall derjenige, der Leben zerstört. Er kann auch nicht zärtlich wie eine Mutter sein. Er entspricht eher konservativen Vorstellungen vom Vater: Der gestrenge Erzieher, der die gefühlsmäßige Betreuung der Kinder lieber der Mutter überlässt und selbst keine Gefühle zeigen kann und will. Sein oberstes Ziel ist es, sich Autorität zu verschaffen und diese auch zu erhalten. Er ist für den Kopf, also den Verstand zuständig, die Herrscherin und Mutter dagegen für Herz und Gefühl.

Da der Herrscher so unnahbar wirkt, kann man sich auch nur schwer vorstellen, dass ihn jemand ernsthaft angreifen würde. Jeder, der dies wagte, müsste mit seiner eigenen Vernichtung rechnen. Dies hat den Vorteil, dass diejenigen, die unter dem Schutz des Herrschers stehen, in gesicherten Verhältnissen leben, er gewährleistet eine gewisse Stabilität. Stabilität kann jedoch auch in Erstarrung münden. Dies ist genau dann der Fall, wenn derjenige, der Schutz gewährt, nicht fähig zur Veränderung ist. In einem solchen Fall ist die Stabilität kein Segen mehr, sondern eher ein Gefängnis. Dies ist eine der negativen Seiten dieser Karte.

Der Herrscher ist durch seine Macht auch derjenige, der die Spielregeln für das gesellschaftliche Zusammenleben festlegt. Er legt die Gesetze nicht nur fest, sondern er ist auch das Gesetz. Wer sich ihm nicht unterordnet, wird aufs schwerste bestraft werden.

Nun zur divinatorischen Bedeutung der Karte: Im positiven Sinne steht er für Stabilität, Ordnung und die positive Wirkung von Gesetzen. Da er die Welt beherrscht, verfügt er auch über großes Wissen und kann dieses Wissen einsetzen. Wie er es einsetzt hängt allerdings von den Nachbarkarten ab: Sind sie positiv, setzt er es zum Vorteil anderer ein. Ist das Gegenteil der Fall, verwendet er es, um andere zu unterdrücken. Die negative Bedeutung der Karte ist die, dass das Festhalten an Traditionen zur Versteinerung führt. Statt Ordnung und Gesetz regieren Tyrannei und Machtmissbrauch. Der Stolz des Mächtigen verhindert dann jede Verständigung mit den Mitmenschen und hat negative Auswirkungen auf alle, die diesem Menschen begegnen.

Ein Fragesteller, bei dem diese Karte auftaucht, besitzt eine gewisse Autorität und Ansehen. Er ist zudem bereit das, was er für wertvoll genug erachtet, zu verteidigen. Er ist konsequent und versteht es, eine gewisse Ordnung herzustellen und auch zu erhalten. Ist die Karte jedoch umgedreht, sollte der Fragesteller sich davor hüten, seine Position und sein Fähigkeiten im negativen Sinn zu nutzen.

5. Der Hierophant

Hier haben wie es wieder mit einer positiveren Karte zu tun. Der Hintergrund des Bildes ist in einem unauffälligen, aber nicht unfreundlichen oder abweisenden Grau gehalten. Diese Farbwahl könnte bedeuten, dass die der Hintergrund nicht

Der Hierophant

besonders wichtig ist. Die Säulen, die sich links und rechts von dem Hierophanten befinden, sind zwar sorgfältig gezeichnet, aber sie sind bei weitem nicht so hervorgehoben wie die Säulen, die die Hohepriesterin einrahmen. Mit ihnen soll lediglich gezeigt werden, dass der auf der Karte abgebildete Mann ein Mann der Kirche, eben ein Hohepriester ist. Allerdings ist dieser Aspekt offensichtlich wichtiger als der, dass es sich hier um einen Herrscher handelt. Dies ist daran zu erkennen, dass die Säulen deutlich zu sehen sind, während man den Thron eigentlich nur erahnen kann, denn nur ein Teil seiner Rückenlehne ist zu sehen.

Im Zentrum der Karte steht der Hierophant. Er sitzt auf einem Thron, von dem nur wenig zu sehen ist. Auf dem Kopf trägt er eine Krone, die genau genommen aus drei aufeinandergesetzten Kronen bestehen. Diese dreifache Krönung soll wohl anzeigen, dass es sich hier um einen besonderen Herrscher handelt. Auch sein Zepter, das er in der linken Hand hält, besteht aus einem dreifachen Symbol: dem dreifachen Kreuz. Dies zeigt seine besonders enge Verbundenheit mit der Kirche, der er vorsteht, an. Die drei Kreuze des Zepters wiederholen sich in der Kleidung des Hierophanten. Die Zahl drei verweist zudem auf die Dreifaltigkeit, die ja zu den Grundpfeilern des christlichen Glaubens gehört. Das Gewand des Hierophanten ist überwiegend in Rot gehalten, ebenso wie der Teppich, der auf der Karte zu sehen ist.

Mit der rechten Hand macht der Hierophant das Zeichen der Christen: Der kleine Finger und der Ringfinger der Hand sind angewinkelt, Zeigefinger und Mittelfinger sind nach oben gestreckt und der Daumen ist an sie angelegt.

Genau wie der Herrscher, der die weltliche Macht verkörpert, schaut er nach vorne. Sein Blick ist allerdings nicht kalt und starr, sondern weich, vielleicht auch weltfremd. Ihm geht es nicht um brutalen Machterhalt, sondern darum, ehrliche Anerkennung zu finden.

Zu seinen Füßen sind zwei überkreuzte, goldene Schlüssel zu sehen. Dies könnten die Schlüssel zum Paradies oder zu einer Art göttlichem Wissen sein. Rechts und links von diesen Schlüsseln sind zwei sehr ähnlich aussehende Kirchenmänner, eventuell Mönche, zu sehen. Da sie sich sehr ähnlich sehen, kann man davon ausgehen, dass es hierbei nicht um die Darstellung von Individuen geht, sondern eines bestimmten Menschentyps. Die Gewänder der beiden Männer sind mit unterschiedlichen Blumenmustern bestickt. Das Gewand des Mannes, der auf der linken Seite zu sehen ist, ist mit roten Rosen bestickt, das des anderen Mannes mit weißen Lilien. Allerdings sollte man sich kein allzu großes Kopfzerbrechen um diese Muster machen, denn es ist offensichtlich, dass der Hierophant hier im Mittelpunkt des Interesses steht und nicht seine beiden Untergebenen.

Die Symbole auf der Karte geben dem Betrachter ganz eindeutig zu verstehen, dass es sich bei dem abgebildeten Herrscher um einen geistlichen Herrscher handelt. Da seine Macht auf spiritueller Ebene liegt, braucht er seine Macht nicht durch besondere Härte zu demonstrieren. Seine Stärke liegt vielmehr darin, dass er übermenschliche Gnade gewähren kann und so zum Helfer in vielen Lebenslagen wird. Jeder muss sich dieser Macht unterordnen, ob er will oder nicht. Um sich durchzusetzen braucht der Hierophant keine Gewalt anzuwenden, weil er eine große innere Stärke besitzt.

In der divinatorischen Bedeutung der Karte verkörpert er jede Art von Hierarchie, denn Religion und Kirche sind Musterbeispiele für hierarchisch organisierte Institutionen. Kirche und Religion können jedoch für noch mehr Dinge stehen, so kann diese Karte bei entsprechenden Nachbarkarten auf eine

Hochzeit oder auch eine feste Bindung hinweisen. Sollten negative Nachbarkarten vorhanden sein oder der Hierophant auf dem Kopf stehen, so ist Vorsicht geboten. Denn eine solche Kartenkonstellation kann bedeuten, dass die Hochzeit unter keinem guten Stern stehen wird. Da die Religion eine lange Tradition hat und man sich auch darum bemüht, diese zu bewahren, kann mit dieser Karte auch das Festhalten an Traditionen und seit langem überlieferten Moralvorstellungen gemeint sein. Im negativen Sinn ist die Karte dann so zu verstehen, dass an den falschen Traditionen fest gehalten wird. Auch wird darauf hingewiesen, dass ein zu starres Festhalten an Traditionen Nachteile bringen kann und dass der Fragesteller vielleicht einmal überlegen sollte, sich nicht gegen jeden Wandel zu stellen.

Auch wenn der Herrscher und der Hierophant auf den ersten Blick sehr entgegengesetzte Karten sind, darf man sich dadurch nicht täuschen lassen. Vielmehr ist es so, dass diese beiden Herrscher die Herrschaft über die Welt unter sich aufgeteilt haben. Der Herrscher ist für den weltlichen, materiellen Schutz zuständig, während der Hierophant mehr für das so genannte Seelenheil und das geistige Wohlergehen zuständig ist. So kann man diese beiden Karten auch so deuten, dass der Herrscher der Helfer in einer materiellen Notsituation ist, während der Hierophant für jemanden stehen kann, der den Fragesteller in seelischer Hinsicht unterstützt.

Steht der Hierophant jedoch auf dem Kopf, so sollte man sich vor 'gut gemeinten' Ratschlägen in Acht nehmen, denn in diesem Fall sind sie wohl kaum ehrlich gemeint.

6. Die Liebenden

Diese Karte ist eine der prachtvollsten des Rider-Waite-Tarots. Allerdings unterscheidet sie sich grundlegend von vielen anderen Darstellungen der Liebenden im Tarot. Im berühmten Tarot de Marseille ist das Motiv folgendermaßen dargestellt: Ein Mann steht zwischen zwei Frauen. Eine davon hat braune Haare, die andere ist blond. Es hat den Anschein, als wollten beide den Mann davon überzeugen, dass sie jeweils die richtige Frau für ihn seien. Über dieser Dreiergruppe schwebt ein kindlich aussehender Engel mit Pfeil und Bogen, der im Begriff ist, den Mann zu treffen. Es scheint, als sei er derjenige, der bestimmt, für wen der Mann sich letztendlich entscheiden wird. Hinter dem Engel strahlt eine große Sonne.

Die beiden Frauen haben die Tarotdeuter immer wieder beschäftigt. Eine Möglichkeit wäre, dass sie zwei Frauen sind, die beide um diesen Mann werben. Jede versucht, ihn für sich zu gewinnen. Eine Variante dieser Interpretation ist, dass es sich bei den Frauen einmal um die Mutter des Mannes handelt und einmal um dessen Freundin. Der Mann hat sich noch nicht vollständig von seiner Mutter gelöst, daher fällt es ihm schwer, sich endgültig zu entscheiden: Soll er eine Beziehung mit der Frau eingehen, die er glaubt zu lieben, von der er allerdings nicht weiß, ob er mit ihr glücklich werden könnte, oder soll er lieber bei seiner Mutter bleiben? Ihrer Liebe ist er sich sicher und daher würde er kein Risiko eingehen, wenn er bei ihr bliebe.

Das Rider-Waite-Tarot stellt die Liebenden jedoch anders dar. Links vorne im Bild steht eine Frau, auf der rechten Bildseite ein Mann. Beide sind nackt. Man kann also daraus schließen, dass die beiden es nicht nötig haben, ihre Körper oder im übertragenen Sinne auch ihre Gedanken und

Die Liebenden

Gefühle voreinander zu verbergen. Der Grund hierfür ist, dass sie sich lieben. Diese Liebe wird dadurch deutlich, dass über den beiden ein großer, gütiger Engel schwebt. Er kann für sie nur deshalb sichtbar werden, weil sie aufrichtige Gefühle füreinander haben und ihre Individualität zu Gunsten ihrer Gemeinsamkeit aufgegeben haben. Um die Abgehobenheit des Engels von der menschlichen Welt noch zu verdeutlichen, schwebt er auf einer großen Wolke. Die Liebe wird dadurch als etwas dargestellt, was über der menschlichen Welt steht, und nur wer wirklich ernsthaft empfindet, hat Zugang zu diesem von der Welt abgehobenen Gefühl. Hier ist die Entscheidung des Mannes für eine bestimmte Frau im Gegensatz zum Tarot de Marseille schon gefallen. Der Engel muss nicht darauf warten, seinen Pfeil abzuschießen. Dies ist schon getan und die Liebenden des Rider-Waite-Tarots sind schon eine Stufe weiter als die des Tarot de Marseille.

Interessant sind auch die Bäume, die hinter den beiden Figuren zu sehen sind. Hinter der Frau steht der paradiesische Baum der Versuchung, an dem mehrere Äpfel zu sehen sind. Die Tatsache, dass die Liebe nie frei von Versuchungen ist und immer wieder von außen bedroht werden kann, wird durch die Schlange symbolisiert, die sich um den Baum der Versuchung windet. Hinter dem Mann dagegen steht der Baum des Lebens, erkennbar an den Flammen, die er an Stelle von Früchten trägt. Während der Baum, der der Frau zugeordnet ist, eher auf Gefühle verweist, verweist dieser Baum eher auf den Verstand und auf die bloße körperliche Existenz hin. In Verbindung mit den Bäumen kann man die beiden Menschen auf der Karte auch mit Adam und Eva in Verbindung bringen. Auch sie waren im Paradies nackt. Sie haben sich geliebt, konnten den Bedrohungen, die es für diese Liebe gab, allerdings nicht standhalten und können so ein warnendes Beispiel für alle Liebenden sein, die Liebe nicht als selbstverständlich anzusehen, sondern als etwas, was man bewahren und pflegen muss.

Der Hintergrund der Karte ist abgesehen von der Darstellung des Engels noch in drei Teile geteilt. Der oberste Teil des Hintergrunds wird von einer leuchtend gelben, großen Sonne gebildet. Darunter ist blauer Himmel zu sehen. Ein weiterer Teil des Hintergrundes ist ein Berg mit einer deutlichen Spitze. Diese Spitze zeigt nach oben, in Richtung auf den Engel. Auf diese Weise wird der Blick des Betrachters immer wieder auf diesen gelenkt.

Die divinatorische Deutung dieser Karte ist nicht schwer zu erraten. Sie symbolisiert eine glückliche, innige Liebe. In manchen Fällen auch eine Person, die der Fragesteller liebt, oder von der er geliebt wird. Die durch diese Karte symbolisierte Liebesbeziehung ist eine ehrliche, aufrichtige Beziehung, die auf wahren Gefühlen gründet. Keiner der Partner verfolgt dabei eigennützige Ziele. Wenn die Nachbarkarten negativ sind und auf die Vergangenheit hinweisen, kann es sich aber auch um eine in der Vergangenheit liegende Beziehung handeln, die für den Fragesteller eine wichtige Bedeutung hatte.

Die negative Bedeutung der Karten deutet auf eine unglückliche Beziehung hin, die die daran beteiligten Menschen sehr belastet. Allerdings kann es sein, dass die Partner nicht den Mut aufbringen, sich voneinander zu trennen. In einem solchen Fall kann die Karte ein Denkanstoß sein, in dieser Beziehung etwas zu ändern, oder sie sogar aufzugeben. Da die richtig liegende Karte eine gute, glückliche Beziehung bedeutet, kann die umgekehrte Karte ein so genanntes schmutziges Verhältnis bedeuten. Entweder gehört der Fragesteller dann zu denen, die betrügen, oder aber er ist der Betrogene.

Wenn man zu der Darstellung im Tarot de Marseille zurückgeht, kann man daraus auch direkt ableiten, dass der Fragesteller Schwierigkeiten hat, sich zwischen zwei Menschen zu entscheiden. Diese Unentschlossenheit kann zu verpassten Gelegenheiten führen und ist deshalb nachteilig für den Fragesteller.

7. Der Wagen

Diese Karte bietet ein reichhaltiges Sammelsurium an Symbolen. Der Wagen als Grundmotiv dieser Karte geht auf eine antike Tradition zurück: Immer wenn ein römischer Feldherr von einem siegreichen Feldzug zurückkam, wurde er mit einem triumphalen Umzug mit reichhaltig ausgestatteten Wagen gefeiert. Dies ist auch die Grundbedeutung der Karte: Sieg und Erfolg.

Nun aber zu der Gestaltung der Karte: Der Hintergrund der Karte ist wie bei vielen positiven Karten des Waite-Tarots in Gelb gehalten. Ein Teil des Hintergrundes besteht zudem aus den Häusern, der Burg und der Stadtmauer einer Stadt, die der Wagenführer mit seinem Wagen gerade verlassen hat. Das Gestell des Wagens ist grau. Diese triste Farbe wird jedoch durch Verzierungen aufgeheitert. So sind die Vorhänge und der Baldachin aus hellblauem Stoff mit silbernen oder weißen Sternen. An der Vorderseite des Wagens ist ein Gebilde mit blauen Flügeln zu sehen. Darunter befindet sich ein roter Gegenstand. Beides zusammen dürfte das Wappen des Wagenführers bilden. Dies ist eines der Kennzeichen dafür, dass er aus einer wichtigen Familie kommen muss.

Die Räder des Wagens sind groß und golden, was ebenso auf Reichtum schließen lässt. Es kann sich aber auch um Reichtum im übertragenen Sinn handeln, nämlich Reichtum in

Der Wagen

Form eines Sieges, um wieder auf die Grunddeutung der Karte zurückzukommen.

Statt von Pferden, wie es eigentlich üblich wäre, wird der Wagen von zwei Sphinxen gezogen. Diese Sphinxen haben außer ihrer äußeren Form nichts gemeinsam: Die linke Sphinx ist schwarz und hat nur einige weiße Streifen in ihrer Haube. Die Mundwinkel ihres roten Mundes sind nach unten gezogen, wodurch sie traurig aussieht. Die zweite Sphinx ist weiß mit einigen schwarzen Streifen, ihr Gesichtsausdruck ist im Gegensatz zu dem der anderen Sphinx neutral. Zu diesen äußeren Unterschieden kommt außerdem noch, dass beide in verschiedene Richtungen schauen und nur der Wagenlenker kann es verhindern, dass sie in verschiedene Richtungen davonlaufen und den Wagen zerreißen. Der entgegengesetzte Gesichtsausdruck der Sphinxen kehrt in den Masken, die der Wagenführer auf seinen Schultern trägt, zurück. Die Kleidung des Wagenführers ist im Ganzen sehr reichhaltig verziert. So trägt er eine glänzende Ritterrüstung und einen lockeren Gürtel um die Hüfte. Auf diesem Gürtel sind die zwölf Tierkreiszeichen abgebildet. Die Ärmel seiner Kleidung sind weiß und machen einen gebügelten, gestärkten Eindruck. Als Zeichen seiner Herrschaft trägt er eine Krone, bei der ein großer, achteckiger Stern besonders auffällt. In der rechten Hand trägt er ein großes Zepter mit einer goldenen Spitze am oberen Ende.

Zu der reichlich geschmückten Rüstung kommt, dass die Statur des Wagenführers recht kräftig ist. Dennoch wirkt er nicht bedrohlich. Er hat einen ruhigen, gelassenen Gesichtsausdruck, der zudem eine gewisse Selbstsicherheit ausdrückt. Seine Haarfarbe ist blond, was im Mittelalter und zum Teil auch noch später als Zeichen für wohlwollende, gute Menschen verwendet wurde.

Was insbesondere auffällt ist, dass er keine Zügel in der Hand trägt, mit denen er seine Sphinxen lenken könnte. Er braucht solche Hilfsmittel ganz einfach nicht, weil er über eine starke Persönlichkeit und über einen starken Willen verfügt. Dies reicht aus, um die entgegengesetzten Sphinxen zu bändigen.

Die divinatorische Bedeutung dieser Karte ist also in erster Linie, wie schon zuvor erwähnt, der Sieg. Damit kann durchaus auch ein großer Sieg oder Erfolg gemeint sein. Wichtig ist dabei, dass derjenige, bei dem diese Karte auftaucht, diesen Erfolg aus eigener Kraft errungen hat oder erringen wird. Wichtigstes Hilfsmittel war dabei der starke Wille des Menschen. Ohne diesen Willen wäre ein solcher Erfolg nicht möglich gewesen.

Steht die Karte auf dem Kopf, ist mit schweren Verlusten zu rechnen. Diese Verluste sind entweder vollkommen unabwendbar oder sie drohen, weil der starke Wille hier nicht mehr die Patentlösung für die Probleme ist, die sich dem Fragesteller in den Weg stellen. Nun kommt es darauf an, dass er möglichst schnell eine andere Lösung findet, sonst ist der Verlust sicher. Es kann aber auch sein, dass der Fragesteller auf Grund seiner großen Erfolge im Begriff ist, das rechte Augenmaß für die eigenen Probleme und die seiner Mitmenschen zu verlieren. Aus dem mächtigen starken Willen wird dann Selbstüberschätzung, die zum Absturz führt. Ein auf dem Kopf stehender Wagen kann jedoch eine gewisse Skrupellosigkeit andeuten, die entweder im Fragesteller selbst steckt, oder der er sich gegenüber sieht.

Im Rider-Waite-Tarot kommt nach dem Wagen die Kraft. Dies ist jedoch in den meisten anderen Tarotsets anders. In ihnen ist an diesem Platz die Gerechtigkeit zu finden. Wie schon beim Narren halten wir uns auch in diesem Fall an die herkömmliche Reihenfolge.

8. Die Gerechtigkeit

Bei der Figur auf dieser Karte ist man sich im ersten Moment nicht ganz sicher, ob es sich bei ihr um einen Mann oder eine Frau handelt. Bei genauerem Hinsehen sieht man jedoch, dass es sich um eine Frau handelt. Diese hat allerdings relativ männliche Gesichtszüge, was noch durch den männlichen Haarschnitt der Frau verstärkt wird. Zudem lässt ihre Kleidung keine Körperproportionen erkennen, aus denen man auf ihr Geschlecht schließen könnte.

Die Umgebung der Frau erinnert an die der Hohepriesterin: Sie sitzt auf einem einfachen, steinernen Thron. Außerdem sind links und rechts von ihr zwei Säulen zu sehen. Auch zwischen ihnen kann man - genau wie zwischen den Säulen der Hohenpriesterin - nicht hindurchsehen, weil ein Vorhang die Sicht verdeckt.

Die Kleidung der Frau, die die Gerechtigkeit symbolisiert, ist zwar aus teurem, schwerem Stoff, aber nicht verziert. Der einzige Schmuck an ihrer Kleidung ist eine Brosche, die das Gewand zusammenhält. Auf dem Kopf trägt sie eine schwer aussehende, goldene Krone. In ihrer linken Hand hält sie eine goldene Waage. Das Schwert der Gerechtigkeit befindet sich in ihrer rechten Hand. Vor allem die Waage erinnert den Betrachter spontan an Justitia, die allerdings im Gegensatz zu der hier abgebildeten Figur die Augen verbunden hat.

Die Gerechtigkeit ist die unabhängige Richterin, die die Taten eines jeden Menschen in ihrer Waage wiegt und danach ein gerechtes Urteil über ihn fällt. Das heißt: Diese Karte lässt jedem das zukommen, was er verdient hat. Nicht mehr und nicht weniger und vor allem auch nichts Besseres und nichts Schlechteres.

Gerechtigkeit

Ihre divinatorische Bedeutung liegt zum Teil auf der Hand: Sie steht für ein schon gefälltes oder noch zu fällendes Urteil. Es kann allerdings auch sein, dass sie Menschen, die Probleme miteinander haben, von einer gütlichen Einigung überzeugt, nachdem sie das Für und Wider und die unterschiedlichen Interessen mit Hilfe ihrer Waage gegeneinander abgewogen hat. Die Unfehlbarkeit der Gerechtigkeit macht dem Fragesteller Hoffnung, dass sich für ihn alles zum Besten wenden werde. Die Gerechtigkeit entscheidet, ohne voreingenommen zu sein. Dabei ist sie sehr darum bemüht, ein genaues Urteil zu fällen, das der Sache gerecht werden würde. Allerdings kann man sich nicht in allen Fällen darauf verlassen, dass der Schiedsspruch der Gerechtigkeit einem selbst in jedem Fall einen Vorteil bringen wird. Wie positiv oder wie negativ ein solcher Spruch für den Betreffenden jeweils sein wird, hängt nämlich davon ab, wie er sich in der Vergangenheit in Bezug auf die aktuelle Frage verhalten hat. Wer sich nicht richtig verhalten hat kann nicht darauf hoffen, dass er später einen Vorteil daraus schlagen könnte. Auf diese Weise ist die Gerechtigkeit auch eine Karte, die die Menschen dazu bringt, ihr eigenes Verhalten in der Vergangenheit ehrlich zu überdenken und daraus vielleicht auch Konsequenzen für die Zukunft zu ziehen. Bei entsprechenden Nachbarkarten kann man darauf hoffen, einen Menschen an seiner Seite zu haben, der einen mit vernünftigen Ratschlägen unterstützt.

Liegt die Gerechtigkeit allerdings falsch herum, so kann man logischerweise keine Gerechtigkeit in einem Streitfall erwarten. Man muss dann davor auf der Hut sein, von voreingenommenen Menschen übervorteilt zu werden. Wahrscheinlich wird man von Widersachern schlecht behandelt und kann nicht auf eine gerechte Entscheidung hoffen.

9. Der Eremit

Diese Karte ist in gedeckten Farben gehalten, wirkt aber dennoch nicht besonders düster. Der Hintergrund besteht aus einer unverzierten, grüngrauen Fläche. Vor diesem Hintergrund steht ein alter Mann mit einem weißen Bart, der in ein unifarbenes, graues Gewand gekleidet ist. Dieses erinnert an die Kleidung eines Mönchs. Er schaut gedankenverloren auf den Boden. Man hat den Eindruck, als sei er ganz in seine Gedanken vertieft und die Umwelt scheint ihn nicht zu interessieren. Er macht jedoch keinen angestrengten Eindruck, sondern wirkt vollkommen entspannt. Die einzigen Farbtupfer auf dieser Karte sind der goldene Stab, den der Eremit in seiner linken Hand hält und der Stern, der in seiner Laterne leuchtet.

Der Name der Karte und die Erscheinung des Mannes weisen darauf hin, dass hiermit jemand gemeint ist, der sich von seinen Mitmenschen zurückgezogen hat und nun ein Einsiedlerdasein führt. Dieses Einsiedlerleben hat er sich selbst gewählt. Der Grund hierfür war nicht etwa, dass er seiner Mitmenschen vollkommen überdrüssig geworden wäre, sondern dass er sich in sich selbst zurückziehen wollte. Er ist somit in gewisser Weise auf der Suche nach sich selbst. Diese Suche kann für ihn nur deshalb erfolgreich sein, weil er nicht durch Nebensächlichkeiten und Äußerlichkeiten abgelenkt wird, wie es in der Gesellschaft anderer Menschen die Regel ist. Im Gegensatz zu der landläufigen Meinung bewirkt dieser Rückzug vom so genannten normalen Leben jedoch nicht, dass er geistig verkümmern wird, weil ihm der Kontakt zu anderen Menschen fehlt. Im Gegenteil: Er macht damit eine persönliche Entwicklung durch, die er allerdings nur in dieser Abgeschiedenheit erreichen kann.

Der Eremit

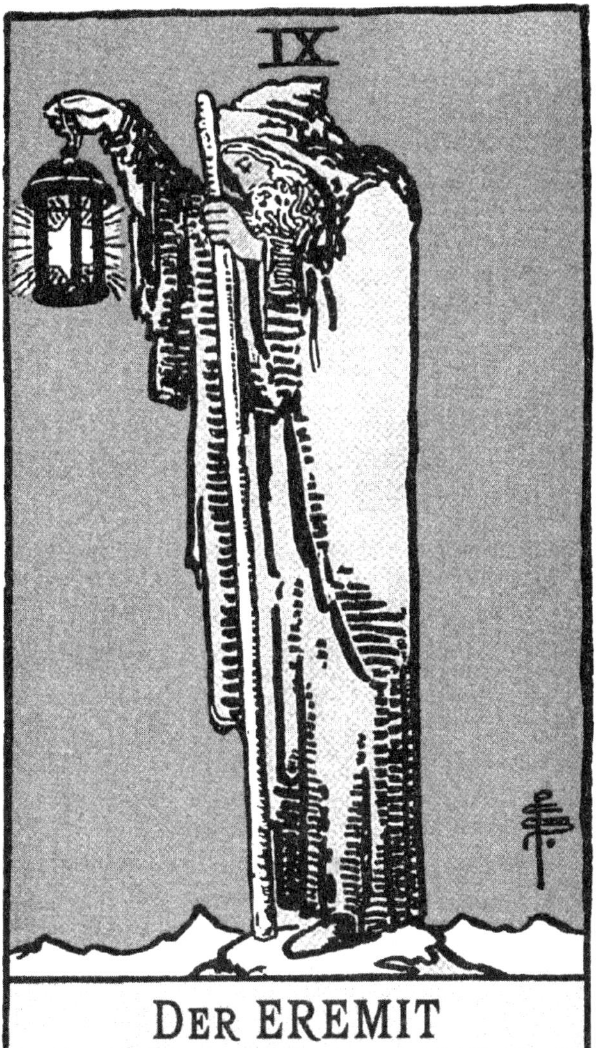

Dadurch, dass er sich in seinem Leben so weit entwickelt hat, dass er die Reise in sein Innerstes antreten kann, ist er ein Gegenbild zum Narren. Dieser ist noch lange nicht so weit, dass er nach innen schauen kann. Er muss zuerst einmal die Welt kennen lernen, von der der Eremit, der in manchen Tarotsets auch als der Weise bezeichnet wird, sich zurückzieht, weil sie ihm nichts Neues mehr bieten kann. Die einzigen Neuigkeiten, die ihm noch bevorstehen, sind die, die er in seinem Inneren finden wird.

Die divinatorische Bedeutung schließt direkt an diese Ausführungen an. Wenn diese Karte auftaucht, ist es sehr wahrscheinlich, dass der Fragesteller zu viel äußerliche Ablenkung hat. Dadurch hat er keine Zeit, sich einmal Gedanken über sich selbst zu machen und hat so keine Möglichkeit, sich über seine eigenen Probleme klar zu werden und sie selbstständig zu lösen. Solchen Menschen rät diese Karte dazu, sich einmal völlig auf sich selbst zu konzentrieren und sich für eine Weile zurückzuziehen. Wenn man sich zurückzieht, muss man sich auch einige Zeit dafür nehmen. Ein kurzer Rückzug ist im Allgemeinen wenig sinnvoll und auch wenig produktiv. Auf diese Weise ist diese Karte auch eine Mahnung, sich Zeit zu nehmen und alle Lösungsmöglichkeiten für ein Problem sorgfältig gegeneinander abzuwägen und dann die beste Möglichkeit auszuwählen.

Die umgedrehte Karte symbolisiert einen Menschen, der sich zu viel in sich selbst zurückzieht und dadurch den Kontakt zur Realität und zum gesellschaftlichen Leben um sich herum verliert. Die Unfähigkeit, sich mit anderen Menschen auszutauschen, ist zudem ein Zeichen für mangelnde geistige Reife. Somit ist der auf dem Kopf stehende Eremit auch eine Aufforderung, an der eigenen, bislang nur unzulänglich ausgeprägten Persönlichkeit zu arbeiten, damit man dann den wichtigen Schritt zur Selbsterkenntnis gehen kann.

10. Das Rad des Schicksals

Diese Karte macht, so schön sie auch ist, auf den ersten Blick einen recht verwirrenden Eindruck. Wenn man die Tiere und Symbole allerdings systematisch analysiert, lichtet sich das Chaos recht schnell. Wenden wir uns zuerst einmal dem Rad zu. Dieses Symbol steht an der gleichen zentralen Stelle, an der in den bisher betrachteten Karten Menschen oder zumindest Wesen in Menschengestalt zu sehen sind. Es scheint irgendwo im Himmel zu schweben, denn der Hintergrund ist himmelblau und vor diesem Hintergrund sind außer dem Rad noch einige Wolken zu sehen.

Das Rad hat acht Speichen. Auf vier davon sind alchimistische Zeichen zu sehen. Diese stehen für bestimmte chemische Elemente oder Verbindungen: für Wasser, Salz, Quecksilber und Schwefel. Während Wasser und Salz unabdingbar für das menschliche Leben sind, dienen Quecksilber und Schwefel eher dazu, Leben zu vernichten. Somit sind schon zwei Seiten des Schicksals angesprochen: Leben und Tod.

Auf dem äußeren Kreis sind lateinische und hebräische Buchstaben zu sehen. Die lateinischen Buchstaben fallen dem ungeübten Leser natürlich zuerst einmal ins Auge. Es handelt sich dabei um die Buchstaben T, A, R und O. Sie ergeben also zuerst einmal das Wort 'Taro', womit eindeutig das Tarotspiel gemeint ist. Da jedoch kein bestimmter Buchstabe als der Erste gekennzeichnet ist und keine Leserichtung angegeben ist, kann man auch noch andere Wörter daraus bilden. So kann man daraus das lateinische Wort 'orat' bilden, was so viel heißt wie 'er redet'. Das dritte mögliche Wort ist das Wort 'rota', das ebenfalls lateinischen Ursprungs ist und 'Rad' heißt. Außerdem kann man den Namen Tora, für die jüdische Tora formen. Die letzte Möglichkeit schließlich ist der Name 'Ator', der der Name einer ägyptischen Göttin ist.

Rad des Schickals

Die vier hebräischen Buchstaben sind die Buchstaben Yod, Vav und zweimal der Buchstabe Heh. Diese vier Buchstaben stammen aus der jüdischen Tora und stehen für den Namen Gottes.

Um das Rad herum sind drei Figuren angeordnet. An der oberen Seite des Rades befindet sich eine Sphinx, die ein Schwert in der Hand hält. Außerdem sind eine Schlange und ein Wesen zu sehen, das an einen Schakal erinnert. Diese Tiere stehen für das Böse und den Tod, für die Führung der Toten ins ewige Leben, sowie für die Auferstehung. Obwohl sie nicht an das Rad gefesselt oder in einer anderen Weise untrennbar damit verbunden sind, hat man den Eindruck, dass sie sich mitdrehen werden, wenn das Rad sich dreht. Auf diese Weise wird immer einer von ihnen gerade oben sein und somit eine besonders dominante Stellung einnehmen. Auf diese Weise kann der Wechsel zwischen Leben und Tod dargestellt werden, der sich im Leben ständig vollzieht, und den das Rad des Schicksals durch seine jeweiligen Drehungen bestimmt.

An den vier Ecken der Karte sind vier geflügelte Wesen zu sehen: ein Engel, ein Adler, ein Stier und ein Löwe. Sie stehen für die vier Elemente Luft, Wasser, Feuer und Erde.

Welche Bedeutung kommt diesem Rad des Schicksals nun zu? Das Rad des Schicksals dreht sich ständig und deshalb ist das Leben, das es bestimmt, nie konstant. Es gibt einen ständigen Wechsel zwischen Leben und Tod, Glück und Pech, Erfolgen und Niederlagen. Keiner kann sich diesem Schicksal entziehen, denn es wird von Mächten gesteuert und am Laufen gehalten, die von Menschen nicht beherrscht werden können. Aus diesem Grund steht die Karte für Einflüsse auf das menschliche Leben, die von den Betroffenen nicht verändert werden können. Man ist dem Schicksal und seinen Kapriolen ausgeliefert und muss alles so ertragen, wie es einem präsentiert wird. Meist hat es auch keine Sinn, nach den Ursachen für bestimmte Veränderungen zu suchen, da auch diese Kenntnis keinen Ausweg ermöglichen. Dem Menschen bleibt nichts anderes übrig, als zu akzeptieren was geschieht und dann das Beste daraus zu machen. Liegt die Karte richtig, handelt es sich natürlich eher um positive Veränderungen und Einflüsse. Steht die Karte dagegen auf dem Kopf, muss man sich auf größere oder kleinere Schicksalsschläge gefasst machen. Je negativer die Nachbarkarten dabei sind, desto derber werden die Nackenschläge sein, die das Leben einem versetzt.

Vor allem sollte man sich nie darauf verlassen, dass eine positive Entwicklung auch dauerhaft Bestand hat. Da das Rad sich ständig weiterdreht, kann man nie sagen, ob nicht das, was gerade noch Anlass zur Freude gegeben hat, sich nicht schon bald zu einem Unglück wendet. Umgekehrt kann diese Unbeständigkeit natürlich auch eine gewisse Hoffnung geben: Wenn eine negative Entwicklung sich abzeichnet, kann es sein, dass diese Pechsträhne vielleicht nicht allzu lange anhält und sich doch noch einige positive Seiten der Angelegenheit bemerkbar machen.

11. Die Kraft

Auf dieser Karte steht wieder eine Frau im Mittelpunkt. Diese befindet sich zusammen mit einem Löwen in einer fruchtbar aussehenden, grünen Landschaft. Die Frau hat blonde Haare, eine mollige Figur und ist mit Blumen geschmückt. Sie trägt Blumen auf dem Kopf und um ihre Taille. Es handelt sich bei diesen Blumen eventuell um rote Rosen. Diese stehen, wie bereits vorher schon mehrmals verwendet, für Leidenschaft und in gewisser Weise auch für Stärke, denn Lei-

Kraft

denschaft kann Menschen in den verschiedensten Situationen des Lebens ein vorher nicht geahntes Durchhaltevermögen und ungeahnte Kräfte verschaffen. Diese Leidenschaft ist es vielleicht, die der Frau die Kraft gegeben hat, den Löwen zu bezwingen und gefügig zu machen. Das Kleid der Frau ist blütenweiß und steht somit für Reinheit, vor allem wohl die Reinheit des Charakters und der Absichten. Die Gesichtszüge der Frau sind vollkommen entspannt und verraten keinerlei Anstrengung. Dies ist ein Zeichen dafür, dass sie zur Bezwingung des Löwen keine körperliche Kraft aufwenden musste, sondern geistige Stärke, bedingt durch ihren reinen Charakter und ihre Leidenschaft. Über ihrem Kopf schwebt wie zuvor schon bei dem Magier die liegende Acht, die auch hier für die Unendlichkeit steht. Gemeint ist hier wohl die Unendlichkeit der Kraft und Stärke dieser Frau.

Der Löwe ist zwar nicht allzu groß, aber sehr kräftig. Von der reißenden Bestie, die er vorher sicherlich war, hat er sich zum treu blickenden, zahmen Tier gewandelt. Er schaut die Frau hechelnd und mit treuem Hundeblick an. Die Frau belohnt ihn dafür, indem sie ihn streichelt und sich um ihn kümmert. Das ganze Bild drückt nahezu vollkommene Harmonie aus.

Diese Harmonie ist auch ein Ansatzpunkt für die Deutung dieser Karte. Der Fragesteller, bei dem diese Karte auftaucht, ist in vollkommener Harmonie mit sich selbst und seiner Umwelt. Dadurch, dass diese Person innerlich im Gleichgewicht ist, besitzt sie auch eine beachtliche innerliche Stärke. Diese innerliche Stärke ermöglicht es ihr, auf jede Art von Gewalt oder Machtgetue zu verzichten. Wer auf diese Weise stark ist, braucht keinen spürbaren körperlichen oder seelischen Druck auf seine Mitmenschen auszuüben, wenn er etwas bei ihnen erreichen will. Er kann nahezu alles erreichen, aber niemand wird je etwas Schlechtes über ihn sagen oder von ihm denken. Dies bewirkt die nahezu vollkommene Harmonie dieses Menschen mit seiner Umwelt. Auch mit offensichtlichen Krisen wird ein Mensch, der über diese sanfte Art der Stärke verfügt, sehr viel besser fertig werden als andere Menschen. Diese Karte gibt somit all denjenigen Mut, die sich in einer ausweglosen Situation befinden. Ihnen wird deutlich gemacht, dass sie sich innerlich stärken müssen, damit sie über solche Probleme locker hinweggehen können.

Hat die Karte negative Nachbarkarten oder steht sie auf dem Kopf, so ist genau das Gegenteil des zuvor Gesagten der Fall: Der Fragesteller, bei dem die Karte in dieser Form auftaucht, ist innerlich nicht im Gleichgewicht und hat dadurch massive Probleme, mit sich und seiner Umwelt klar zur kommen. Krisen wird er aller Wahrscheinlichkeit nach nicht bewältigen, sondern an ihnen scheitern. Wenn diese Bedeutung der Karte zutrifft, muss der Fragesteller schwer an sich arbeiten, damit er überhaupt erst einmal die Chance hat, zu dieser inneren Stärke zu gelangen. Erfolgsgarantien kann ihm dennoch keiner geben.

12. Der Gehängte

Diese Karte gehört zu den etwas eigentümlicheren Erscheinungen innerhalb des Tarot. Dadurch, dass der Hintergrund in einem schlichten Grau gehalten ist, sticht der Gehängte umso deutlicher hervor. Er hängt an einer Art Kreuz, das die Form des Buchstaben T hat. Offensichtlich hängt er dort noch nicht sehr lange, denn an dem Holz wachsen noch leuchtend grüne Blätter. Entgegen der Vorstellung, die man sich von der Situation macht, wenn man den Namen der Karte hört, ist der junge Mann jedoch nicht am Hals aufgehängt und getötet worden. Er ist vielmehr an seinem rechten Fuß

Der Gehängte

aufgehängt worden. Zudem macht er keinesfalls einen gequälten Eindruck. Er sieht auch absolut nicht so aus, als mache er gerade einen Todeskampf durch. Im Gegenteil: Er scheint auf den ersten Blick gar nicht zu hängen, sondern eher recht bequem zu liegen und sich seinen Tagträumen hinzugeben.

Wie bereits erwähnt ist der Mann nur mit dem rechten Fuß an dem Kreuz festgebunden. Das freie linke Bein hat er angewinkelt und hinter dem rechten Bein verschränkt. Die Arme hat er ebenfalls verschränkt, und zwar hinter seinem Rücken. Viele Interpretatoren glauben, dass die Hände hinter dem Rücken aneinander festgebunden sind. Vielleicht sind sie auch genauso wie der rechte Fuß an dem Kreuz festgebunden.

Der Gesichtsausdruck des Mannes ist seltsam entrückt. Er scheint seine Situation gar nicht mehr wahrzunehmen, sondern macht den Eindruck, in einer anderen Welt zu sein. Man könnte fast sagen, dass er einen glücklichen Eindruck macht. Um seinen Kopf herum ist ein leuchtender Heiligenschein zu sehen. Er kann für diese andere Welt stehen, in der der Gehängte wohl mit seinen Gedanken ist. Vielleicht ist dieser Heiligenschein aber auch ein Zeichen für eine gewisse Erleuchtung, hervorgerufen durch die Gedanken oder die spezielle Situation, in der er sich befindet.

Der entspannte Gesichtsausdruck des Gehängten trotz seiner ungewöhnlichen und objektiv auch unangenehmen Situation lässt zwei Schlüsse zu: Entweder hat er sich freiwillig in diese Situation bringen lassen oder er ist zwar gegen seinen Willen aufgehängt worden, hat sich jetzt aber mit seiner misslichen Situation abgefunden und akzeptiert sie voll und ganz.

Dadurch, dass der Gehängte an den Füßen aufgehängt worden ist, sieht er alles nicht mehr so wie die anderen Menschen. Er sieht logischerweise alles so, als stünde es auf dem Kopf. Diese ungewöhnliche Perspektive bewirkt mit Sicherheit, dass er, wenn er nicht gerade mit seinen Gedanken abwesend ist, neue Entdeckungen machen kann. Auf diese Weise kann er sein Bewusstsein erweitern und wird eine differenziertere Sicht des Lebens erhalten als diejenigen, die immer nur wie vorgesehen auf ihren Füßen stehend leben. Dies gilt natürlich vor allem im übertragenen Sinn.

Stellt man die Karte auf den Kopf, so glaubt man, einen Tänzer vor sich zu sehen, der auf seinen Zehenspitzen steht.

Die divinatorische Bedeutung der Karte ist die, dass sie für große Flexibilität und Anpassungsfähigkeit steht. Dies bezieht sich insbesondere auf solche Situationen, die für den Betreffenden unangenehm sind. Jemand, der über diese charakterlichen Eigenschaften verfügt, ist bereit, seine eigenen Wertvorstellungen oder die anderer auf den Kopf zu stellen und vielleicht sogar auch einmal über Bord zu werfen. Wer sich freiwillig in eine ungewöhnliche Situation bringt - wie z. B. die, in der der Gehängte jetzt ist, schert sich im Allgemeinen nicht darum, was andere Leute von ihm denken und bringt auf diese Weise seine Unabhängigkeit von gesellschaftlichen Zwängen zum Ausdruck. So dürfte demnach auch der Fragesteller zu charakterisieren sein, bei dem diese Karte auftaucht.

Steht die Karte auf dem Kopf, leidet der Fragesteller an einer Art innerer Erstarrung, er kann sich nicht an neue, ungewohnte Situationen anpassen und kann nur seinen eigene Sicht der Dinge akzeptieren. Solche Leute leben tagaus, tagein im selben Trott. Aus diesem Grund werden sie nie persönlich frei sein. Sie werden sich immer in gesellschaftliche Zwänge einfügen und nie sie selber sein. Ihrem eigenen Ich geben sie nie eine Chance.

13. Der Tod

Die Darstellung des Todes im Waite-Tarot unterscheidet sich in vielen Punkten von der herkömmlichen Gestaltung dieser Karte. Normalerweise wird der Tod als Skelett dargestellt, das im Wasser steht. In diesem Wasser, zu Füßen des Skeletts, schwimmen zwei Köpfe. Einer davon trägt eine Krone. Abgesehen von diesen Dingen schwimmen auch noch Hände, Füße und Knochen der Figuren, die gestorben sind, in dem Wasser. Der Tod hat diese Menschen also vollkommen zerstört.

Die Todeskarte im Waite-Tarot ist regelrecht voll gestopft mit Menschen und Symbolen. Was natürlich zuerst ins Auge sticht, ist das Skelett, das für den Tod steht. In anderen Darstellungen des Todes ist das Skelett entweder ganz unverhüllt oder trägt nur eine Kutte. Alles was er sonst noch dabei hat, ist in der Regel eine Sense, der Sensenmann wird also dargestellt. Waites Skelett oder auch Darstellung des Todes ist anders: Sie ist weder nackt, noch trägt sie eine Kutte, sondern eine massive, schwarze Ritterrüstung. In der Hand trägt er keine Sense, sondern eine große schwarze Fahne, auf der sich ein kaum definierbares weißes Muster befindet. Schwarz ist die Farbe des Todes, doch man sollte nie vergessen, dass der Tod die Voraussetzung dafür ist, dass neues Leben entstehen kann. Genauso wie jemand sterben und somit gewissermaßen in einem schwarzen Loch verschwinden kann, kann man auch sagen, dass das Leben auch aus dem Nichts entsteht, also genauso aus einem leeren schwarzen Loch kommt. Dieses Loch könnte die Ewigkeit sein, aus der Leben kommt und wo es nach Ansicht vieler Religionen wieder hin verschwindet.

Der Tod ist hier im Gegensatz zu den meisten anderen Darstellungen nicht zu Fuß unterwegs, sondern er reitet auf einem

Der Tod

TOD

makellos weißen Pferd. Dieses Pferd ist zwar schön, hat aber rote Augen, was in gewisser Weise an Tod oder vielleicht sogar den Teufel erinnert. Diese Augen sind in jedem Fall ein wichtiges Zeichen dafür, dass es sich hierbei nicht um ein normales Pferd handelt, sondern eben um das Pferd des Teufels.

Den König, der offensichtlich regungslos auf dem Boden liegt, hat der Tod schon hinter sich gelassen. Die Krone ist ihm vom Kopf gefallen und liegt wie unachtsam hingeworfen auf dem Boden. Es werden also auch die Mächtigsten nicht verschont und all ihre weltliche Macht kann es nicht verhindern, dass der Tod sich ihrer bemächtigt. Direkt vor Reiter und Pferd steht ein hoher Kirchenmann, seiner Kopfbedeckung nach zu urteilen ein Bischof oder sogar Papst. Er fürchtet sich nicht vor dem Tod, denn er vertraut auf seinen Glauben. Seinen Bischofsstab hat er schon fallen lassen. Da es ausgerechnet zwei der bedeutendsten Repräsentanten der mittelalterlichen Gesellschaft sind, die schon gestorben sind, bzw. kurz vor dem Sterben stehen, kann man die Karte auch folgendermaßen deuten: Die Repräsentanten der alten Gesellschaft sterben und somit auch die gesellschaftlichen Strukturen, die sie verkörpert haben. Ein Wechsel zu anderen Strukturen steht bevor, der nur dann stattfinden kann, wenn das Althergebrachte stirbt. Neben dem Bischof sind eine junge Frau und ein kleines Mädchen zu sehen. Die Frau wendet sich angstvoll ab, weil sie den Tod fürchtet und nicht sterben will. Das Kind dagegen, das ihre Hand hält, kennt die Schrecken des Todes noch nicht und schaut ihm daher ohne jede Furcht entgegen.

Wenn man zwischen den Beinen des Pferdes durchschaut, kann man ein winziges Schiff sehen, das einen Fluss hinabfährt. Die Verbindung Tod und Fluss erinnert natürlich direkt an den aus der griechischen Mythologie stammenden Fluss

Styx. Diese Fluss soll die Welt der Lebenden von der der Toten trennen. Wer stirbt, wird mit einem Schiff auf die andere Seite des Flusses gebracht.

Jenseits des Flusses, also in der Welt der Lebenden sieht man zwei unverzierte Türme. Wenn man zwischen ihnen hindurchblickt, kann man die Sonne sehen. Die Sonne symbolisiert das Leben, das trotz der übermenschlichen Stärke des Todes auch von der Welt der Toten aus noch zu sehen ist. Man soll also trotz der Anwesenheit des Todes nie vergessen, dass es trotzdem noch Leben ist und dass mit dem Tod nicht alles zu Ende ist.

Wenn diese Karte auftaucht, sind die meisten Fragesteller zuerst einmal fürchterlich erschrocken. Sie glauben, der eigene Tod oder ein Todesfall in der näheren Umgebung stehe unmittelbar bevor. Diese Deutung trifft allerdings nur in den seltensten Fällen zu. Der richtige Ansatzpunkt liegt eher bei einem Punkt, der vorhin schon einmal erwähnt wurde: Tod bedeutet, dass etwas zu Ende geht und dann Platz für etwas Neues macht. Etwas Altes geht und etwas Neues kommt, es findet also eine Veränderung statt. Ob diese Veränderung positiver oder negativer Natur ist, hängt von den Nachbarkarten ab. Auch wenn etwas lieb Gewordenes zerstört wird, sollte man nicht verzweifeln, denn die Sonne ist auf der Karte deutlich zu sehen und zeigt an, dass in allem Unglück, das diese Karte vielleicht symbolisiert, doch immer noch ein Hoffnungsschimmer besteht. Das, was zuerst als ein Unglück erschien, wird sich vielleicht im Nachhinein als Segen erweisen.

Dieser Aspekt kann allerdings nicht oder nur in sehr geringem Maße berücksichtigt werden, wenn die Karte auf dem Kopf steht. Hier handelt es sich um eine Veränderung, die nichts Positives mit sich bringt. So kann es sich dabei um einen vollkommen sinnlosen Verlust handeln, der den Fragesteller in eine tiefe Krise stürzt. Die Karte kann in diesem Fall allerdings auch als Unfähigkeit zur Veränderung angesehen werden. Diese Veränderungen können sowohl äußerer Natur sein, als auch innerer, also psychischer Natur. So kann es sein, dass der Fragesteller Probleme hat, von denen er sich nicht befreien kann und die ihn sehr belasten, ihm das Leben vielleicht sogar zur Hölle machen. Trotz aller Einsicht in die Ursache der Probleme geht der Betroffene allen Veränderungen hartnäckig aus dem Weg.

14. Die Mäßigkeit

Die Mäßigkeit wird durch einen weiblichen Engel dargestellt. Dieser Engel ist sehr groß und dominiert so das ganze Bild. Die Haare des Engels sind blond, sein Kleid ist weiß. Er trägt somit zwei Symbole für Reinheit und für das Gute.

Auf der Brust des Kleides befindet sich ein einfaches, geometrisches Symbol: Ein Dreieck, das von einem Quadrat umrahmt wird. Dies ist ein Zeichen dafür, dass in dieser Gestalt sowohl Geist als auch Materie miteinander verbunden sind. Auf dem Kopf trägt die Mäßigkeit goldenen Schmuck, der die Sonne symbolisieren könnte. Dieser Eindruck wird noch dadurch verstärkt, dass von dem Kopf der Figur Strahlen (Sonnenstrahlen?) ausgehen.

In den Händen hält sie jeweils einen goldenen Kelch. Beide Kelche enthalten Wasser, das von einem Kelch in den anderen gegossen wird. Der Betrachter hat den Eindruck, dass der Kelch, aus das Wasser herausgegossen wird, niemals leer zu werden scheint, während der andere offenbar niemals voll wird. Der Blick des Engels ist vollkommen konzentriert auf den Wasserstrom zwischen den Kelchen gerichtet.

Die Mäßigkeit

Psychologisch gesehen symbolisiert Wasser das Unterbewusstsein des Menschen, die Erde dagegen das Bewusste. Die Mäßigkeit ist beiden Elementen verbunden, denn ihr rechter Fuß steht im Wasser, der linke auf der Erde.

Die Landschaft um die Figur herum sieht fruchtbar und blühend aus. Eine kleine Straße führt weit in die Ferne, geradewegs auf die Sonne zu. Die Sonne hat die gleichen Strahlen wie die, die von dem Kopf der Figur ausgehen. Da die Straße, die bei der Mäßigkeit beginnt, direkt zur Sonne führt, kann man davon ausgehen, dass beide miteinander verbunden sind. Die Mäßigkeit hat nichts mit dem Tod zu tun, nur mit dem Leben.

Wenn diese Karte auftaucht, so ist der Fragesteller ein Mensch, der mit sich im Einklang ist. Er hat das richtige Maß zwischen den in ihm herrschenden Kräften gefunden, keine der Kräfte erhält die Übermacht. Die Mäßigkeit bedeutet immer, dass der rechte Mittelweg gefunden wird. Dieser Mittelweg kann sich zwischen nahezu allen Extremen befinden, so auch zwischen unüberlegtem, aktionistischen Handeln und fast schon zu zurückhaltender Vorsicht und Überlegung. Der richtige Mittelweg ist es, im richtigen Moment das Richtige zu tun, ohne übereilt oder zu zögerlich zu handeln. Ein Fragesteller, der durch diese Karte charakterisiert wird, verfügt über diese Fähigkeit. Sein Leben ist ein Musterbeispiel an Harmonie und Kontinuität, ohne jedoch jemals in Erstarrung zu enden, weil man flexibel genug ist. sich auf neue Situationen angemessen einzustellen.

Steht die Karte auf dem Kopf, so neigt der Fragesteller zu Extremen und schwankt ständig zwischen diesen. Aus diesen Gründen ist er unberechenbar und nicht gerade gut angesehen. Die Karte warnt davor, diesen Weg weiter zu gehen, weil man sonst zu große Nachteile dadurch erleiden könnte.

15. Der Teufel

Diese Karte ist düster, aber interessant. Der Hintergrund ist tiefschwarz, genauso schwarz wie der Granitblock, auf dem der Teufel sitzt. Beides weist durch seine Farbe auf schwarze Magie hin. Der Teufel selbst ist ein eigenartiges Sammelsurium aus den verschiedensten Gestalten: Sein Kopf ist dem eines Menschen ähnlich, aber er hat eine ungewöhnliche Form, die darauf hinweist, dass es sich um eine Mischung mit einem Tier, vielleicht einer Ziege handelt. Dazu passt auch der ziegenähnliche Bart des Teufels. Der Blick des Teufels ist starr nach vorne gerichtet und vollkommen gefühllos. Aus dem Kopf wachsen lange, gebogene Hörner, ähnlich wie die eines Steinbocks. Oberkörper und Arme scheinen jedoch von einem Menschen zu stammen. der rechte Arm ist erhoben, die Handfläche der rechten Hand ist zu sehen. Aus dem Rücken wachsen dem Teufel jedoch Fledermausflügel. Die Beine des Teufels sind kräftig und stark behaart. Nach unten hin laufen sie spitz zu und münden in Vogelkrallen. Mit diesen Krallen klammert der Teufel sich auf seinem Granitblock fest. In seiner linken Hand hält der Teufel eine brennende Fackel, die fast an den Mann heranreicht, der vor dem Sockel des Teufels steht.

Im Vordergrund des Bildes sind zwei Menschen zu sehen, die allerdings schon nicht mehr reine Menschen sind, weil sie schon einige Attribute des Teufels übernommen haben: Auch ihnen sind Hörner aus dem Kopf gewachsen und am Hintern sind ihnen Teufelsschwänze gewachsen. Bei der Frau befindet sich am Ende dieses Schwanzes etwas, was wie eine Frucht aussieht, bei dem Mann ist es eine Flamme, die vielleicht sogar von der Fackel des Teufels entzündet worden ist.

Die beiden Menschen sehen denen aus der Karte “die Liebenden” sehr ähnlich, auch sie sind nackt. Sie sind allerdings

Der Teufel

nicht vollkommen frei und scheinen auch keine höhere Erkenntnis gewonnen zu haben. Der Mann und die Frau sind an den Sockel des Teufels angekettet, die Ketten, die sie fest halten, sind allerdings nicht fest und scheinen sie auch nicht einzuengen. Wenn sie wollten, könnten sie sich die Schlingen, die die Ketten um ihre Hälse bilden, überstreifen und versuchen, aus ihrer Situation zu fliehen. Sie machen allerdings absolut nicht den Eindruck, als hätte sie derartige Gedanken. Ähnlich wie der Gehängte scheinen sie sich mit ihrer Situation abgefunden zu haben und gut mit ihr klarzukommen.

Ähnlich wie bei dem Tod sollte man auch dann, wenn diese Karte auftaucht, nicht gleich in Angst und Schrecken verfallen. Der Teufel offenbart allerdings die dunklen Seiten der Persönlichkeit. Diese Abgründe der Seele müssen besiegt werden. Die notwendige Energie dazu ist vorhanden, wenn der Teufel richtig liegt. Allerdings warnt er auch davor, bei der Planung wichtiger Unternehmungen, verdeckte Mächte unberücksichtigt zu lassen. Wenn man diese Mächte nicht beachtet, so kann es sein, dass man in eine ähnliche Situation gerät wie die beiden Menschen auf dem Bild. Es ist zwar keine ausweglose Situation, aber man kann ihr nur entrinnen, wenn man sie genau wie die beiden angeketteten Menschen vorbehaltlos akzeptiert. Erst dann lockern sich die Ketten und man kann sich - zumindest theoretisch- befreien.

Wenn die Karte auf dem Kopf steht, so gewinnen die Abgründe der Seele die Übermacht und der Mensch ist ihnen hoffnungslos ausgeliefert. Jeder Ausbruchsversuch aus dieser ausweglosen Situation ist vergeblich.

16. Der Turm

Wenn wir dieses Bild anschauen, werden wir Zeuge einer Katastrophe. Vor einem tiefschwarzen Hintergrund, der nur durch einige Wolken aufgehellt wird, sehen wir einen schmalen, hohen, schmucklosen Turm. Er ist in einer sehr unwirtlichen Gegend gebaut worden: Es handelt sich hier um einen zerklüfteten, unbewachsenen Berghügel. Um den Turm herum ist kaum noch Platz, wer ihn verlässt, läuft direkt Gefahr, abzustürzen. Es fällt außerdem auf, dass der Turm zwar offensichtlich drei Fenster hat, eine Tür ist aber zumindest von unserem Standort aus nicht zu sehen. Vielleicht ist er durch die fehlende Tür für seine Bewohner schon lange zum Gefängnis geworden.

Auf dem Dach des kargen Turmes hat sich eine große, prachtvolle Krone befunden. Jetzt fährt aber ein Blitz in den Turm. Dieser lässt den Turm in Flammen aufgehen und durch seine Wucht wird die Krone von dem Dach des Turms geschleudert. Die Flammen schlagen schon aus den drei Fenstern des Turms. Das Gebäude scheint nicht mehr zu retten zu sein, zumal der Platz, an dem er gebaut ist nur schwer zugänglich für Hilfe ist.

Die beiden Bewohner des Turms versuchen jetzt, sich durch einen Sprung aus dem Fenster zu retten. Dort wartet jedoch keine Rettung auf sie, sondern nur weiteres Verderben, denn sie fallen in einen bodenlosen Abgrund. Um sie herum sind noch die Funken des Feuers zu sehen.

Der tiefe Sturz ist allerdings in gewisser Weise die eigene Schuld der beiden Abstürzenden. Sie haben sich in der Vergangenheit offenbar nur um sich und ihren Turm gekümmert - viel Kontakt zu anderen Menschen war in dieser Gegend ohnehin nicht möglich. Mit einer solchen Abschottung geht

Der Turm

oft eine grenzenlose Selbstüberschätzung einher, weil man nicht glaubt, dass irgendjemand außer man selbst fähig ist, sich etwas aufzubauen. Ähnlich wie der tote König, auf der Karte der Tod, der letztendlich doch vom Tod besiegt worden ist, müssen die beiden Abstürzenden jetzt erkennen, dass ihre Lebensweise sie ins Verderben stürzt - Hochmut kommt nämlich meistens vor dem Fall. Der Blitz, der in den Turm fährt, ist die Strafe Gottes für den Hochmut und wird indirekt zum Auslöser für den Fall, weil er die beiden Hochmütigen mit dem Feuer aus ihrem Turm vertreibt und sie ins Verderben fallen lässt. Das, was sie sich aufgebaut haben und was ihnen so wichtig war, wird irgendwann vom Feuer aufgefressen werden und in sich zusammenfallen. Es geht ihnen ähnlich wie den Leuten, die in ihrem Hochmut den Turm zu Babel bauen wollten und dann ebenfalls von Gott bestraft wurden.

In diesem Bild ist sehr viel Bewegung, deshalb kann man, wenn man die divinatorische Bedeutung der Karte erkennen will, davon ausgehen, dass sie von einer großen Unruhe und daran anschließenden schwer wiegenden Veränderungen spricht. Diese Veränderungen können so groß sein, dass selbst Dinge, die schon lange bestehen, wie zum Beispiel ein Turm davon niedergerissen werden. Es können aber auch Beziehungen sein, die nach langer Zeit zerbrechen. Diese Trennungen verlaufen dann sehr schmerzhaft und von großen Kämpfen begleitet.

Steht die Karte auf dem Kopf, so wird die zerstörerische Wirkung der Karte gemildert, aber am Ende steht immer noch menschliches Leid, oft sogar unnötig hervorgerufenes menschliches Leid. Unnötig deshalb, weil die Menschen es hätten verhindern können, wenn sie sich nicht so sehr isoliert und mehr Rücksicht auf andere Menschen genommen hätten.

17. Der Stern

Mit dem Stern begegnet uns wieder eine freundlichere Karte. Hat der Turm noch viel Unruhe und eine regelrechte Katastrophenstimmung vermittelt, sehen wir jetzt ein Bild des Friedens vor uns. Die Karte ist in hellen, angenehmen Tönen gehalten und vermittelt eine heitere Stimmung. Die Idylle lädt dazu ein, zur Ruhe zu kommen und eine kleine Pause zu machen.

Der Hintergrund der Karte zeigt einen hellblauen, unbewölkten Himmel. Obwohl heller Tag ist, sind acht Sterne deutlich zu sehen. Sieben davon sind fast gleich groß und weiß, der achte Stern sticht jedoch dadurch hervor, dass er weitaus größer ist und eine gelbe Farbe hat. Er hat einen besonderen Glanz und wie alle Sterne, insbesondere solche, die achteckig sind, steht er für die Unendlichkeit. Diese Unendlichkeit wird auch durch die Anzahl der Sterne, nämlich die Acht, die liegend ja Unendlichkeit bedeutet, ausgedrückt. Damit ist nicht nur die Unendlichkeit des Universums gemeint, sondern die Unendlichkeit im Bezug auf alle Bereiche des Lebens.

In einer grünen, anscheinend recht fruchtbaren Landschaft ist eine nackte Frau zu sehen, die Wasser aus zwei Krügen ausgießt. Ähnlich wie bei der Mäßigkeit hat man auch hier den Eindruck, dass das Wasser in den Krügen nie leer wird. Auch dadurch wird die Unendlichkeit zum Ausdruck gebracht. Es gibt noch eine weitere Gemeinsamkeit, die die Frau auf dieser Karte mit dem Engel der Mäßigkeit hat: Auch sie verbindet Bewusstsein und Unterbewusstsein, indem sie beide berührt: Ihr linker Unterschenkel ist auf dem Land und ihr rechtes Bein berührt die Wasseroberfläche des Sees, in den sie einen der Krüge leert. Das Wasser des anderen Kruges leert sie an Land aus, wodurch auch hier wieder eine Ver-

Der Stern

bindung zwischen diesen beiden Elementen und den von ihnen verkörperten Bewusstseinsstufen besteht. Von vielen Deutern wurde das Wasser in den Krügen zudem als das Wasser des Lebens interpretiert. Dadurch, dass es offenbar so ist, dass die Krüge nie leer werden, kann man getrost davon ausgehen, dass es unendlich lange Leben geben wird. Wenn das individuelle Leben auch noch einer gewissen Zeitspanne zu Ende gehen wird, so wird doch immer wieder neues Leben erwachen, es wird nie zu einem vollkommenen Stillstand kommen. Dieser Eindruck wird noch dadurch verstärkt, dass rechts hinter der knienden Frau ein Baum zu sehen ist, der der Baum des Lebens sein könnte.

Die hoffnungsvolle Stimmung, die man automatisch bekommt, wenn man diese freundliche Karte mit dem großen Stern der Hoffnung sieht, schlägt sich auch in ihrer divinatorischen Interpretation nieder. Wenn diese Karte auftaucht, kann man hoffnungsvoll in die Zukunft blicken. Auch wenn man gerade vielleicht ein ähnliches Desaster hinter sich hat wie das, das vom Turm dargestellt wird, braucht man sich eigentlich keine Sorgen mehr zu machen. Positive Ereignisse werden neuen Schwung geben und Probleme, die vor kurzem noch unlösbar erschienen, werden gelöst werden können. Dies ist nicht zuletzt deshalb möglich, weil der Fragesteller seinen Horizont erweitert hat.

In ihrer negativen Bedeutung vermittelt die Karte diese hoffnungsvolle Stimmung allerdings nicht. Hier kann der Fragesteller seine Probleme wenn überhaupt, dann nur unter großen Anstrengungen lösen, weil er seinen Horizont nicht erweitert, sondern in seiner verknöcherten, bornierten Haltung verharrt. Manchmal ist der Grund für derartige Schwierigkeiten allerdings auch fehlender Mut zu Veränderungen und mangelndes Vertrauen in die Zukunft.

18. Der Mond

Auf den ersten Blick könnte man glauben, dass man es hier schon mit der Sonne zu tun hat, denn entgegen der sonst üblichen Darstellungen des Mondes hat dieser Mond Strahlen, die er aussendet. Zudem scheint es auch auf dieser Karte genauso wie auf der vorhergehenden heller Tag zu sein, eine Tageszeit also, zu der man den Mond eigentlich nicht sehen kann. Statt in einem verklärenden hellgrau wie man es sonst oft findet, ist er in strahlendem Gelb, regelrechtem Sonnengelb dargestellt.

Interessant sind jedoch auch die auf der Karte dargestellten Tiere: Der Mond wird von einem Hund und einem Wolf angeheult. Der Hund könnte die domestizierte Seite unserer Seele darstellen, die sich an gesellschaftliche Gegebenheiten anpasst und sich in die Gemeinschaft einfügt. Der Wolf jedoch als der wild lebende Vorfahr des Hundes dürfte für die animalische Seite des menschlichen Wesens stehen. Gerade diese Seite ist es, die noch heute immer wieder vom Mond angezogen wird. Auch wenn dem Aberglauben und der Magie in unserer heutigen technisierten Welt gemeinhin keine besondere Beachtung mehr geschenkt wird, so können viele von uns sich der kaum erklärbaren Kraft des Mondes nicht vollständig entziehen. Gerade wenn Vollmond ist spüren auch moderne, rational denkende Menschen den Einfluss des Mondes auf ihren Körper und ihre Seele noch sehr deutlich: Viele Menschen können dann nicht richtig schlafen, oder sie schlafen zwar, fangen aber an zu Schlafwandeln. Andere sind gerade dann besonders gereizt und neigen dazu, unkonzentriert zu sein und mehr Fehler zu machen als sonst. Auch verzweifeln in diesen Phasen mehr Menschen als sonst endgültig und sehen den einzigen Ausweg im Selbstmord.

Der Mond

Diese besondere Wirkung des Mondes hat ihm den Ruf eingebracht der Planet zu sein, der die Imagination des Menschen besonders anspricht. Für viele spiritistische veranlagte Menschen ist er eine der besten Hilfen, das Bewusstsein zu erweitern und für vielfältige Eindrücke zu öffnen.

Aber auch auf echte Tiere wirkt der Vollmond ähnlich wie auf den Hund und den Wolf auf dieser Karte und sie heulen und sind unruhig. Nicht umsonst hat sich über Jahrhunderte hinweg hartnäckig die alte Volksmähr von den Menschen gehalten, die sich bei Vollmond in unkontrollierbare, mordende Wehrwölfe verwandelt haben. Auch hat man vielen Wahnsinnigen nachgesagt, dass sie sich unter dem Einfluss des Vollmondes in ein derartiges Tier verwandeln würden.

Es gibt jedoch noch ein weiteres Tier auf diesem Bild: Aus dem Gewässer am unteren Bildrand kriecht ein im Verhältnis zu dem Hund und dem Wolf recht großer Krebs. Die meisten Menschen, die einen Krebs in ihrer Nähe sehen, bekommen Angst, dass er sie mit seinen Zangen kneifen und ihnen Schmerzen zufügen könnte. Aus diesem Grund wird der Krebs auch oft als die Verkörperung von Ängsten angesehen. Da der Krebs vom unteren Bildrand kommt und sich offenbar zuvor unter der Wasseroberfläche aufgehalten hat, ist auch schon auf den ersten Blick klar, für welche Ängste der Krebs steht: Für die, die sich bisher unter der Oberfläche unseres Bewusstseins aufgehalten haben und die insbesondere dann zum Vorschein kommen, wenn der Mond seine Wirkung entfaltet.

Direkt von dem Krebs ausgehend und zwischen den Hunden und zwei Türmen hindurch verlaufend ist eine leuchtend gelbe, vielleicht sogar goldenen Straße zu sehen, die zu einem unbestimmten Ziel führt. Über das andere Ende der Straße wird man im Unklaren gelassen. Die beiden Türme, die wie die Türme eines Stadttores angeordnet sind, könnten jedoch darauf hinweisen, dass es sich hierbei um eine Straße handelt, die in eine andere Stadt, im übertragenen Sinne also in eine andere Welt handelt.

Ausgehend von dem, was zuvor gesagt wurde, ist die divinatorische Bedeutung dieser Karte folgende: Wenn diese Karte fällt, so kommt das Unterbewusstsein des Fragestellers ins Spiel. Vielleicht hat er in jüngster Vergangenheit schon des Öfteren gute oder schlechte Träume gehabt, vielleicht haben sich auch Ängste bemerkbar gemacht, von denen er zuvor nichts gewusst hat. Dies sind oft Anzeichen für ernsthafte innere Krisen. Liegt die Karte jedoch richtig herum, wird der Fragesteller aus eigener Kraft mit diesen Turbulenzen klarkommen und aus dieser Krise gestärkt hervorgehen.

Steht die Karte dagegen auf dem Kopf, so verlassen denjenigen, der eine solche Krise durchmacht, viel zu schnell die Nerven und er wird sich schwer tun, sie hinter sich zu lassen. Vielleicht wehrt er sich auch zu sehr gegen die neuen Erfahrungen, die ihm vor allem durch besondere Träume eröffnet werden. Hier ist energisches Umdenken gefordert, denn nur so kann man lernen, auch weniger angenehme Situationen optimal zu meistern.

19. Die Sonne

Diese Karte ist eine der positivsten und freundlichsten im Tarot. Gleich auf den ersten Blick sehen wir der Sonne ins Gesicht. Es handelt sich dabei um ein freundliches, gütiges Gesicht. Die Augen der Sonne sind etwas verklärt und schauen uns ruhig entgegen. Niemand braucht sich vor ihr zu fürchten.

Die Sonne

Ihre Strahlen sind teilweise schnurgerade und teilweise gewellt.

Das Kind, das im Vordergrund des Bildes von der Sonne weg und auf uns zu reitet, macht einen fröhlichen Eindruck. Es breitet die Arme aus und begrüßt uns wie einen alten Freund. Es scheint uns dazu einzuladen, mit ihm zusammen zu der Sonne zurückzukehren und etwas von ihrer positiven Ausstrahlung auf uns wirken zu lassen. Auch das kleine graue Pferd, auf dem das Kind reitet, macht einen ruhigen, zufriedenen Eindruck. Es steht offenbar ebenfalls unter dem positiven Einfluss der Sonne und aus diesem Grund braucht das Kind weder einen Sattel, noch Zaumzeug, um das Pferd zu lenken. Das Pferd verhält sich ruhig und scheint auch ohne Hilfsmittel dem Willen des Kindes zu folgen.

Im Gegensatz zu der eher schlicht gehaltenen Sonne ist es aufwändig geschmückt. Es trägt zwar keine Kleider, aber in seinem Haar sind rote Blumen und eine rote Feder befestigt. In der Hand hält es eine rote Fahne aus schwerem, rotem Stoffe.

Passend zu dem Bild der Sonne wachsen hinter einer grauen Mauer, die die Vergangenheit symbolisiert, mehrere Sonnenblumen. Genau wie die Sonne sind sie in einem fröhlichen Gelb gehalten. Mit ihnen könnte symbolisiert werden, dass die Sonne auch auf der Erde gegenwärtig ist, obwohl sie eigentlich sehr weit davon entfernt ihren Platz hat.

Die divinatorische Bedeutung dieser Karte lässt sich aus der der Sonne zugeschriebenen positiven Wirkung erklären. Wegen ihrer alles überragenden Stellung am Himmel wird der Sonne schon seit jeher ein besonders großes Wissen in allen Bereichen des Lebens und des Universums zugeschrieben. Sie sieht alles und weiß daher auch alles. Niemand kann mehr sehen und wissen als sie. Aber sie verfügt nicht nur über ein großes Wissen, sondern sie hat auch eine positive Wirkung auf alles Leben: Sie lässt Pflanzen wachsen, Tiere lieben es, sich im Sonnenschein zu wärmen und Menschen fühlen sich an einem sonnigen Tag gleich viel wohler als an einem grauen, verregneten Tag. Wenn im Winter nur wenig von der Sonne zu sehen ist, verfallen viele Menschen in Depressionen, denen sie erst dann wieder entkommen, wenn die Sonne im Frühjahr wieder öfter und vor allem auch für längere Zeit zu sehen ist.

Das Kind, das gerade von der Sonne her auf uns zukommt, symbolisiert den Menschen allgemein, der im Gegensatz zum großen Wissen und der großen Macht der Sonne zwar noch unvollkommen ist wie ein Kind, der aber von ihr lernen und von ihren positiven Wirkungen profitieren kann. Die Sonne ist gewissermaßen Lebensgrundlage und Lehrerin des Menschen. Da die Sonne uns so viele positiven Dinge bringt, ist die Bedeutung dieser Karte dementsprechend auch die, dass Freude und Glück auf den Fragesteller warten. Er erhält neue Motivationen zur Verwirklichung lang gehegter Pläne. Er baut diese aus, weil er jetzt neue Ideen hat und macht sich mit voller Kraft daran, seine Träume zu verwirklichen. Zudem verweist diese Karte noch auf einen positiven Ausgang aller Angelegenheiten, nichts kann den Fragesteller mehr aufhalten. Auch Wunder scheinen möglich. Im Verlauf dieser Entwicklungen wird der Fragesteller zudem viele nützliche und positive Erfahrungen machen. Lassen Sie sich also ruhig von der positiven Ausstrahlung dieser Karte beeinflussen und nehmen Sie Ihr Schicksal in die eigene Hand.

Steht die Karte jedoch auf dem Kopf, so droht eine Niederlage. Diese Niederlage ist aller Wahrscheinlichkeit nach nicht allzu schwer, aber die Freude wird doch getrübt. Manchmal geht der Antrieb zum Verwirklichen der eigenen Pläne etwas verloren und der Fragesteller läuft lieber seinen Illusionen nach, als die Realität zu erkennen und entsprechend zu handeln.

20. Das Gericht

Auf dieser Karte fällt zuerst einmal ein großer Engel auf. Er nimmt fast die Hälfte der Karte ein. Er hat blonde Haare, in denen sich einige rote Strähnen befinden. Der Engel ist nur zum Teil zu sehen, der Rest scheint von Wolken und vom Himmel verdeckt zu sein. In den Händen hält der Engel eine goldene Trompete, in die er gerade hineinbläst. An dieser Trompete wiederum hängt eine weiße Fahne mit einem roten Kreuz.

Von den Tönen, die aus der Trompete des Engels kommen, werden Tote auferweckt. Sie steigen aus ihren Gräbern und heben die Hände. Sie scheinen sehr glücklich über den Ruf des Engels zu sein. Im Vordergrund ist offenbar eine Familie zu sehen: Vater, Mutter und Kind stehen in ihren geöffneten Gräbern und schauen hoch zu dem Engel mit der Trompete.

Diese Szene stellt eine Art Jüngstes Gericht dar, zu dessen Eröffnung der Engel des Todes die Toten mit Hilfe der Trompete aus ihrem 'Schlaf' weckt und sie auferstehen lässt. Die Toten werden jetzt ihre alte Existenz endgültig aufgeben und einen neue, bessere Existenz beginnen können. Aus diesem Grund symbolisiert diese Karte, dass ein Mensch an einen Scheideweg des Schicksals kommt. Er hat die Chance, ein neues Leben zu beginnen. Allerdings ist er sich noch nicht ganz sicher, ob er eine derart gravierende Veränderung wagen soll.

Das Gericht

Der Name 'Gericht' für diese Karte kommt daher, dass der Fragesteller jetzt an einen Punkt kommt, wo über die Taten, die er im Lauf des Lebens verbracht hat, gerichtet wird. Er kann nichts mehr rückgängig machen kann und muss sich auch für seine schlechten Entscheidungen verantworten. Dadurch wird der Fragesteller auch dazu befähigt, sein eigenes Urteil zu bilden.

Vom divinatorischen Standpunkt aus betrachtet, ist jetzt also für den Fragesteller die Zeit gekommen, Bilanz zu ziehen und sich für ein neues Leben zu entscheiden. Dies ist unvermeidlich, weil die Veränderungen schon begonnen haben, ohne dass das betreffende Mensch etwas davon gemerkt hat. Ob diese Veränderung positiv und Gewinn bringend ist, oder ob man sie eher als ungünstig empfindet, hängt dann von den anderen Karten ab.

Liegt die Karte verkehrt herum, so hat der Fragesteller großes Unbehagen in Bezug auf die bevorstehenden Veränderungen. Dies möchte er sich allerdings nicht eingestehen, deshalb sucht er immer wieder irgendwelche Ausreden dafür, die notwendigen Schritte zu unternehmen. Aus diesem Grund soll dem Fragesteller Mut gemacht werden, sich der Realität zu stellen und endlich die Initiative zu ergreifen.

21. Die Welt

Diese Karte ist die letze der großen Arkana. Vor einem hellblauen Hintergrund ist eine auf den ersten Blick weibliche Figur zu sehen. Sie trägt keine Kleider, ist aber teilweise von einem Schal oder Schleier aus leichtem Stoff umhüllt. Dieser Stoff verhüllt, dass es sich hier um einen Zwitter handelt. In dieser Figur werden die beiden Gegensätze zwischen Männlich und Weiblich miteinander verschmolzen.

Die Welt

Der ewige Gegensatz ist damit verwischt und aufgelöst worden. Viele Tarotdeuter sehen in der Figur aus diesem Grund eine Art Idealbild und verehren sie. In ihren beiden Händen hält die Figur jeweils einen silbernen Stab.

Im Tarot ist diese Figur jedoch nicht nur das Idealbild der Alchemisten, sondern auch ein Idealbild, das der Mensch sich als Ziel setzen soll. Auch er soll versuchen, die in ihm tobenden Gegensätze miteinander zu versöhnen.

Um die Gestalt herum ist ein Kranz geflochten, wahrscheinlich ein Lorbeerkranz, der ihr zu Ehren ihrer Leistung umgelegt worden ist. Um den Kranz herum sind an zwei Stellen rote Bänder gebunden. Wenn man diese Bänder genauer anschaut, erkennt man ein bekanntes Zeichen: Das Zeichen der Unendlichkeit.

Da diese Figur so wertvoll und verehrenswert ist, muss sie gut bewacht werden. Diese Wache wird von den vier Köpfen in den Ecken der Karte gehalten. Bei den vier Köpfen handelt es sich um den eines Engels, eines Adlers, eines Stieres und eines Löwen. Wer von dieser Kombination beschützt wird, dem kann nicht viel passieren.

Die divinatorische Bedeutung dieser Karte sieht folgendermaßen aus: Da die Karte, die den Abschluss der großen Arkana bildet, eine durchaus positive Karte ist, so kann man davon ausgehen, dass sie ganz allgemein den guten Ausgang einer Sache symbolisiert. Wenn man in der jüngeren Vergangenheit eine Unternehmung begonnen hat, so braucht man sich keine Sorgen zu machen, dass sie vielleicht nicht gut ausgehen könnte. Man ist energisch genug, sich über Schwierigkeiten hinwegzusetzen, wenn es denn überhaupt welche geben sollte.

Steht die Karte auf dem Kopf, so ist damit zwar nicht unbedingt ein Misserfolg gemeint, aber es kann zu Stillständen kommen. In diesem Fall sollte man sich davon nicht ängstigen lassen, sondern versuchen, diese Talsohle möglichst schnell zu überwinden. Man braucht dazu allerdings noch etwas mehr als nur guten Willen. Man muss auch auf die nötige Portion Glück vertrauen.

Die Bedeutung der kleinen Arkana

Nun wenden wir uns der größeren Gruppe von Tarotkarten zu, den kleinen Arkana. Es handelt sich hierbei um 56 Karten, die sich in vier Serien zu jeweils vierzehn Karten gliedern. Eine besondere Rolle innerhalb dieser Serien spielen die insgesamt sechzehn Hofkarten. (Es handelt sich dabei um den König, die Königin, den Ritter und den Pagen bzw. Buben der jeweiligen Serie.) Die Besonderheit der kleinen Arkana des Waite-Tarots ist die, dass diese Karten, die zuvor ein regelrechtes Schattendasein führten, nun in gewisser Weise aufgewertet wurden: Statt der bloßen Darstellung geometrischer Symbole, die den Serien ihre Namen geben, wurden auch diese Karten zu richtigen Szenen ausgestaltet. Damit haben A. E. Waite und die von ihm beauftragte Zeichnerin Pamela Smith sozusagen über Nacht eine neue Tradition des Tarot begründet. Da die Urheber dieses Tarot bei den Bildern der großen Arkana auf mittelalterliche Vorlagen zurückgreifen konnten, sind die Unterschiede zwischen den traditionellen Karten und den neuen Waite-Karten nicht allzu groß. Vielmehr wurden sie nur dort angebracht, wo Waite sie wirklich für wichtig hielt.

Bei den Szenen für die kleinen Arkana gab es keine derartigen Vorlagen. Aus diesem Grund mussten Waite und Smith neue Szenen erfinden, die zur Bedeutung der Karten passten.

Wer sich die kleinen Arkana näher betrachtet, spürt, dass hier Menschen mit einer neuzeitlichen Vorstellungswelt am Werk waren. Um allerdings nicht einen zu großen Unterschied zwischen den modernen kleinen und den traditionellen großen Arkana mit ihren mittelalterlich geprägten Szenen aufkommen zu lassen, mussten die Karten sozusagen auf Alt getrimmt werden. So ist eine Kartenserie entstanden, die Szenen, die aus dem Alltagsleben der Jahrhundertwende stammen, sozusagen in mittelalterlichem Gewand darstellen.

Die Serie der Stäbe

1. Der König der Stäbe

Der König der Stäbe scheint ein noch recht junger Mann zu sein. Auf der Rückenlehne seines Thrones sind Löwen und Salamander zu sehen. Die Löwen symbolisieren die Stärke des Königs. Außer auf der Rückenlehne des Thrones sind die Salamander auch auf seinem gelben Umhang zu sehen. Sie alle haben eines gemeinsam: Sie beißen sich selbst in den Schwanz und bilden so Kreise. Die so entstandenen Ringe stehen für die Unendlichkeit der Macht des Königs der Stäbe. Die Macht ist jedoch nicht nur unendlich, sondern auch absolut vollkommen. Auch links von dem Thron ist ein Salamander zu sehen. Dieser steht jedoch nur da und schaut an dem Mann auf dem Thron hoch.

Neben einer goldenen Krone trägt der König der Stäbe noch eine schwere, goldene Kette. Abgesehen von dem gelben Umhang mit den Salamandern ist seine Kleidung recht einfach gehalten: Ein langes, rotes Gewand ohne Verzierungen, auch seine Haare sind rot. Seine Haltung ist vollkommen entspannt und er schaut ruhig in die Ferne.

Der König der Stäbe

Die Stäbe werden nur durch den einen Holzstab in seiner rechten Hand angedeutet. Er scheint noch recht neu zu sein, denn wie beim Kreuz des Narren wachsen auch hier noch grüne Blätter daran.

Mit diesem Bild wird ein angenehmer, sympatischer Mensch symbolisiert. Er ist ein mutiger Mann, der sich schon in vielen Situationen als äußerst tapfer erwiesen hat. So konnte er jedoch nur sein, weil er einen sehr starken Willen hatte. Dieser starke Willen hat ihm eine besondere Macht über seine Gegner verliehen. Die ihm eigene Macht kann er entsprechend der jeweiligen Situation dosieren und wenn es angebracht ist, kann er sehr großzügig sein und ist immer bereit, jemandem in einer Notlage zu helfen. In schwierigen Situationen besteht jedoch die Gefahr, dass er sich intolerant verhält und sich eigene Schwächen nicht eingestehen kann.

Steht die Karte auf dem Kopf, so besitzt der König die ihm zugeschriebene Güte nicht, sondern ist ein brutaler Mensch, der anderen seinen Willen aufzwingt. Er lässt sich nicht beirren und ist anderen gegenüber vollkommen intolerant. Seine Stärke ist auch nicht besonders konstant und seine Schwäche kommt immer wieder zum Vorschein. Werden die Probleme zu groß, wird er ängstlich und reagiert in dieser Angst unberechenbar.

2. Die Königin der Stäbe

Die Königin ist wie ihr männliches Gegenstück sehr sensibel und kann sich gut in andere Menschen einfühlen. Sie genießt das Leben und strahlt eine positive, fruchtbare Stimmung aus. Sie hat eine äußerst positive Einstellung zum Leben und jeder fühlt sich bei ihr direkt zu Hause. Diese freundliche, aufgeschlossene Stimmung wird auch durch das strahlende Gelb

Königin der Stäbe

Ihres Kleides und durch die Pflanzen auf dem Bild verstärkt: Die Königin hält eine große Sonnenblume in der Hand und ein Teil ihrer Krone sieht aus wie saftige, grüne Blätter.

Auf der Lehne ihres Thrones sind zwei Löwen zu sehen, die sich die Vorderpfoten reichen. Auch an der rechten und linken Seitenlehne ihres Thrones sind Löwenköpfe zu sehen. Genauso wie der König hält auch die Königin einen frisch geschlagenen Holzstab in der linken Hand.

Als Beschützerin hat die Königin der Stäbe eine schwarze Katze, die ihr zu Füßen sitzt. Während die Königin zur Seite blickt, schaut die Katze den Betrachter direkt an.

Diese Karte steht für einen Menschen, der seinen Mitmenschen gegenüber immer herzlich und ehrlich ist. Wer Probleme hat, kann sich vertrauensvoll an sie wenden. Sie liebt Pflanzen und gestaltet ihre Umgebung dementsprechend freundlich.

Anders als der König der Stäbe bleibt sie auch in Krisensituationen konstant und verliert nicht die Fassung. Sie bleibt immer Herrin der Lage. Nur wenn die Nachbarkarten der umgedrehten Karte negativ sind, wird sie unangenehm, vielleicht sogar unausstehlich. Sie kann dann sehr verletzend sein und verspottet Menschen, die nicht einer Meinung mit ihr sind.

3. Der Ritter der Stäbe

Während die beiden vorhergehenden Karten viel Ruhe ausstrahlten, ist in diesem Bild viel Bewegung. Der Ritter wirkt auch jünger als der König und die Königin. Sein jugendlicher Übermut wirkt sich auch auf sein Pferd aus: Beide machen

Ritter der Stäbe

einen übermütigen Eindruck und scheinen vor Unternehmungslust nur so zu sprühen.

Die Kleidung des Ritters ist standesgemäß: Er trägt eine robuste Ritterrüstung. Diese ist mit zahlreichen roten Federn verziert, die wie Flammen aussehen. Sein gelber Umhang scheint bei einer seiner übermütigen Unternehmung zerrissen zu sein. Auch auf diesem Umhang sind genauso wie beim König der Schwerter Salamander zu sehen. Sie versuchen sich in den Schwanz zu beißen, aber es gelingt ihnen nicht. Dies liegt daran, dass die Macht des Ritters (noch) nicht so unendlich und vollkommen ist wie die des Königs. Aus diesem Grund kann der Kreis nicht geschlossen werden, sondern muss eine Lücke haben. Auch diese Figur hält einen neuen Stab mit grünen Blättern in seiner rechten Hand.

Wie das Bild schon ahnen lässt, ist der Ritter genauso wie die Menschen, die er charakterisiert, immer in Bewegung und in seinem Übermut lässt er sich oft zu unüberlegten Handlungen hinreißen. Dies macht ihn für seine Mitmenschen unberechenbar, was ihm nicht nur Freunde macht. Auch wenn er sich einmal klug und besonnen verhält, traut man ihm oft nicht so recht und er hat es schwer, andere Menschen von der Richtigkeit seiner Handlungen zu überzeugen.

Wenn sich die Möglichkeit dazu bietet, ein Abenteuer zu erleben, ist er kaum zu halten. Er lässt dann alles stehen und liegen und stürzt sich kopfüber ins Vergnügen.

Steht die Karte auf dem Kopf, bringen Übermut und Unbesonnenheit den Ritter ständig in missliche Situationen. Er fordert jeden möglichen Streit heraus und wenn er eine Möglichkeit sieht, etwas zu zerstören, dann nimmt er sie nur zu gerne wahr. Diese Eigenschaften bewirken, dass er überhaupt keine normalen sozialen Bindungen aufbauen kann.

Damit legt er sich oft Steine in den Weg, ohne es auch nur im Geringsten einzusehen. Da diese Einsicht fehlt, hat er auch keine Möglichkeit, sich zum positiven zu verändern und verschlimmert seine Lage nur noch.

4. Der Page (Bube) der Stäbe

Der Page der Stäbe sieht aus wie ein Edelmann. Seine Kleidung ähnelt teilweise der des Königs und des Ritters der Stäbe, denn sein kurzer gelber Rock ist auch mit Salamandern verziert. Da auch seine Macht nicht besonders groß ist, gelingt es den Salamandern auch hier nicht, den Kreis zu schließen und die eigene Schwanzspitze ins Maul zu nehmen. Abgesehen von diesem kurzen Rock besteht die Kleidung des Pagen noch aus einem erdfarbenen Umhang und fast kniehohen Stiefeln in der gleichen Farbe. Auf dem Kopf trägt er einen einfachen grauen Hut mit einer roten Feder.

Im Gegensatz zu den anderen Hofkarten aus der Serie der Stäbe sitzt er weder auf einem Thron noch auf einem Pferd. Er steht mitten in einer angedeuteten Gebirgslandschaft und betrachtet seinen Stab, der aussieht wie die Stäbe auf den anderen Karten. Anscheinend muss er sich noch davon überzeugen, ob der Stab auch wirklich geeignet für ihn ist.

Der ruhige, sympatische Mann ist eine Art Glücksbote. Wenn er beim Auslegen der Tarotkarten auftaucht, kann der Fragesteller sich auf eine besonders gute Nachricht freuen. Er verbessert die Stimmung seiner Mitmenschen nicht nur dadurch, dass er diese guten Nachrichten überbringt, sondern er ist auch ein treuer Freund, dem man in jeder Hinsicht vertrauen kann. Dieses Vertrauen erweckt er vor allem dadurch, dass er sich in seine Mitmenschen hineinversetzen und ihnen so bei der Lösung ihrer Probleme helfen kann. Die gut-

Page der Stäbe

en Nachrichten können einen Neuanfang im Leben dessen bewirken, der sie erhält. Vielleicht ist es gerade sie es, die den Impuls für neue Pläne geben.

In ihrer negativen Bedeutung erzählt diese Karte nicht von guten Nachrichten, sondern von absichtlich gestreuten Falschinformationen, von Verfemungen und skandalösen Vorfällen. Alle guten Absichten werden durchkreuzt und selbst wenn hinter einer Tat gute Absichten stehen, so kommen diese nie so recht zum Tragen: Es in wird manchen Fällen zwar Gutes beabsichtigt, aber es wird nur Böses geschaffen. Viele Missstände werden allein dadurch bewirkt, dass die Menschen, die versuchen, ihre Pläne zu realisieren, nicht über das notwendige Selbstvertrauen verfügen. Es scheint keine Ausweg aus einer solchen Situation zu geben, die Beteiligten werden immer tiefer in den Sog der Katastrophen gezogen.

5. Stäbe 10

Diese Karte zeigt einen Mann, der zehn Holzstäbe umklammert hält. Er verbirgt sein Gesicht in den Stäben und scheint verzweifelt zu sein. Er wirkt wie ein Mann, der zu zerbrechen droht, weil er zu viele Probleme hat. Die Schwierigkeiten bedrücken ihn und geben ihm das Gefühl, in sich selbst gefangen zu sein. In vielen Fällen ist er jedoch selbst nicht ganz unschuldig an seiner Situation, denn dieser Mensch hat nicht das notwendige Augenmaß. Er lädt sich ein Problem nach dem anderen auf und weiß nachher nicht, wie er alles unter einen Hut bringen soll. Dadurch werden die Probleme immer größer und erdrückender. Aus diesem Grund ist diese Karte auch als Warnung an den Fragesteller zu verstehen, sich nicht zu viel aufzuladen. Sie fordert dazu auf, besonnen zu sein und sich schon vorher über die Kon-

Stäbe 10

sequenzen seiner Handlungen klar zu werden, nicht erst anschließend, wenn es zu spät ist.

Steht die Karte auf dem Kopf, so wird die negative Aussage der Karte noch verstärkt. Man sollte sich davor in Acht nehmen, Opfer eines Betrügers zu werden oder von anderen Steine in den Weg gelegt zu bekommen. Das Schlechte droht erneut die Oberhand zu behalten und einen Ausweg scheint es kaum zu geben.

6. Stäbe 9

Auch der Mann auf diesem Bild sieht nicht gerade glücklich aus. Allerdings sieht er weniger verzweifelt aus als gehetzt und argwöhnisch. Er scheint Angst zu haben, dass ihm jemand etwas wegnehmen könnte. Wahrscheinlich hat er schon viele schlechte Erfahrungen gemacht und ist jetzt ständig auf der Hut, um nicht noch mehr solcher Erfahrungen machen zu müssen. Dass das Leben es nicht besonders gut mit ihm gemeint hat, sieht man nicht nur an seinem mürrischen Gesicht. Er trägt auch nur sehr einfache Kleidung und um seinen Kopf hat er sich einen weißen Verband gebunden. Wahrscheinlich ist ihm erst vor Kurzem eine neue Wunde zugefügt worden.

Die Bedeutung dieser Karte ist eine aus Trotz und Abwehr entstandene Stärke, die mit aller Gewalt verteidigt werden muss. Wenn sie auftaucht, stellen sich dem Fragesteller viele Hindernisse in den Weg, die nur mit fast übermenschlichem Urteilsvermögen genommen werden können. Ist der Mensch stark und tapfer genug, kann er trotz aller Schwierigkeiten auf einen Erfolg hoffen.

Stäbe 9

Steht die Karte auf dem Kopf, so ist der Mensch zwar stark, aber er steht sich selbst im Weg. Er ist kompromisslos und eckt deshalb immer wieder an. Dadurch verliert er nicht nur einige Gönner, sondern kommt mit seinen Plänen auch nicht so recht weiter. Trotz aller Anstrengungen werden sie zum Scheitern verurteilt sein. Da der Mensch, dem dies widerfährt, nicht zur Selbstkritik fähig ist, hat er auch keine Chance, sich aus eigener Kraft aus dieser schlechten Situation zu befreien.

7. Stäbe 8

Diese Karte ist eine der ganz wenigen Tarotkarten, auf denen kein einziges menschliches Wesen zu sehen ist. Am unteren Rand der Karte sieht man zwar einen Teil einer Landschaft, die nur andeutungsweise dargestellt wird, aber doch sehr friedlich wirkt.

Die Stäbe scheinen unterschiedlich lang zu sein und ragen diagonal ins Bild. Alle Stäbe sind sehr gerade und tragen die obligatorischen Blätter.

Das friedliche Bild der Landschaft hat die Bedeutung dieser Karte schon angedeutet: Vieles, was zuvor noch relativ trist aussah, wird sich aufhellen. Schwierige Angelegenheiten werden ein gutes Ende finden und durch erstarrte Strukturen weht ein frischer Wind. Endlich scheinen Veränderungen wieder möglich, es muss nur der richtige Antrieb vorhanden sein. Diese positiven Veränderungen wecken in kurz zuvor noch recht trübseligen Menschen die Initiative für neue Unternehmungen.

Eine umgedrehte Karte symbolisiert, dass Initiativen behindert werden, der Elan für Veränderungen lässt immer mehr

Stäbe 8

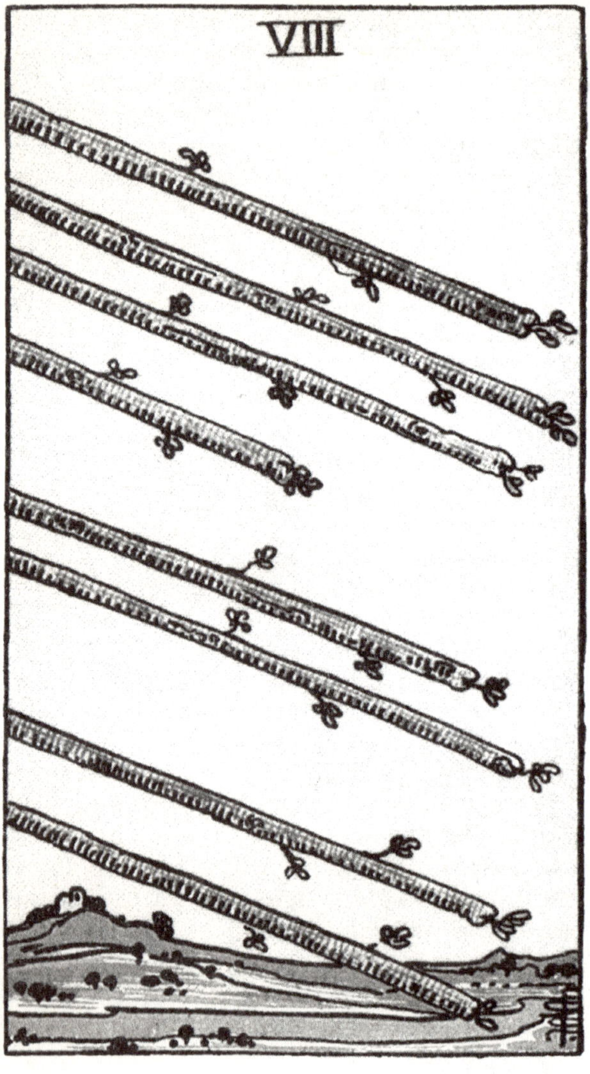

nach. Man hat das Gefühl, auf der Stelle zu treten oder sich in einer Tretmühle zu befinden. Diese Situation bewirkt, dass die in ihr gefangenen Menschen immer gereizter und aggressiver werden und sich so nur noch mehr in ihre Probleme verstricken. Auch wenn sich manche Dinge wieder bessern sollten, sind die Menschen doch viel zu beschäftigt, als dass sie die sich ihnen in ihrer Not bietenden Chancen wahrnehmen und ihr Schicksal so zum Guten wenden könnten.

8. Stäbe 7

Auf dieser Karte ragen die Stäbe vom unteren Bildrand herauf. Einen der sieben Stäbe hält ein besonders groß wirkender Mann mit schwarzen Haaren in seinen Händen. Er trägt einfache, unverzierte Kleidung. Der Stab, den er in der Hand hält, verläuft diagonal vor seinem Körper und so wird der Eindruck vermittelt, als wolle der Mann sich Angreifer vom Hals halten.

Die Abwehrhaltung des Mannes weist schon auf die Bedeutung der Karte hin, denn es wird zu Auseinandersetzungen und Zwietracht kommen. Wer vor kurzem noch froh und unbeschwert war, gerät jetzt von einer Notlage in die andere. Aus diesem Grund ist die Stimmung der beteiligten Menschen nicht besonders gut und sie glauben, dass ihre einzige Chance im Abwehrkampf besteht. Sie nehmen innerlich dieselbe Haltung ein wie der Mann auf dem Bild. Dadurch, dass die Menschen oft zu lange in dieser Haltung verharren, erstarren sie letztendlich regelrecht und können nicht mehr normal leben. Die Abwehrhaltung wird schließlich zu einer Sucht, weil nur sie verhindert, dass man zu viel über die eigene schlechte Situation nachdenkt. Nur wenn der Mensch sich aus dieser Erstarrung löst, kann es eine Wendung zum Besseren geben und die Siegeschancen steigen wieder. Mut

Stäbe 7

und Durchhaltevermögen sind dann die einzigen Dinge, die die verfahrene Situation bereinigen können. Rafft der Mensch sich auf, kann die positive Veränderung schon bald bevorstehen.

Wenn die Karte auf dem Kopf steht, tritt an die Stelle der Abwehr eine fast unmenschliche Panik. Da das logischen Denken aussetzt, kann der Mensch auch nicht mehr vernünftig handeln. Dies vergrößert die Probleme natürlich nur noch umso mehr und die Lage wird immer hoffnungsloser. Gute Chancen werden verpasst und man verliert immer mehr die Orientierung. Meist hilft nur noch fremde Hilfe. Wer in einer solchen Situation ist, sollte sich nicht scheuen, die Hilfsangebote Außenstehender anzunehmen, die die Lage objektiver beurteilen können.

9. Stäbe 6

Diese Karte verheißt schon auf den ersten Blick Triumph und Sieg. Im Vordergrund ist ein Reiter auf einem weißen Pferd zu sehen. Er trägt sowohl auf seinem Kopf als auch an seinem Stab einen grünen Lorbeerkranz. Der Reiter trägt einen leuchtend roten Umhang und ein gelbes Hemd. Auch das Pferd ist 'bekleidet', mit grünem Stoff.

Im Hintergrund befinden sich einige Menschen, die zu Fuß unterwegs sind und ebenfalls Holzstäbe tragen. Sie haben keine Lorbeerkränze und sind offenbar nur das Fußvolk des Reiters. Er erinnert an einen Kämpfer, der nach einem siegreichen Kampf aus einer Schlacht zurückkehrt.

Die Bedeutung der Karte geht ebenfalls in diese Richtung. Sie kündigt gute Nachrichten an. Probleme werden gelöst und dem Glück steht nichts mehr im Wege.

Stäbe 6

Lange gehegte Pläne werden verwirklicht und man erzielt einen wichtigen Durchbruch. Man hat das Gefühl, jetzt die Belohnung für alle Anstrengungen zu bekommen. Außerdem erkennt man, dass man mit Verhandlungsgeschick und Einfühlungsvermögen mehr erreichen kann als mit Ungeduld und Gewalt. Der eigene Erfolg reißt andere mit und so strahlt das eigene Glück auch auf andere aus.

Die negative Bedeutung ist entsprechend ungünstiger. Die guten Nachrichten kommen vielleicht sogar, aber sie kommen zur falschen Zeit. In den meisten Fällen erst dann, wenn es schon zu spät ist. Das Unglück ist dann schon passiert. Jede freudige Vorahnung wird schwer enttäuscht, genauso wie böse Vorahnungen sich rasch bewahrheiten. Vor allem macht man sich das Leben im Lauf der Zeit immer schwerer, indem man sich zu viele Gedanken über die Zukunft und eventuell auftretende Schwierigkeiten macht. Aus diesem Grund beginnt man dann, seine Mitmenschen argwöhnisch zu beobachten und verliert seine eigenen Ziele völlig aus den Augen.

10. Stäbe 5

Wie in vielen anderen Karten der Stäbe-Serie steht auch diese für Kampf. Der Kampf, der auf dieser Karte sogar auch dargestellt wird, ist jedoch kein erbitterter, ernsthafter Kampf, sondern eher eine Art freundschaftliches Kräftemessen unter jungen Leuten, die sich gut verstehen. Dass dieser Kampf nicht ganz ernst gemeint sein kann, sieht man auch daran, dass die daran beteiligten Leute teilweise recht unbeholfen wirken. Sie wissen offenbar nicht so recht, wie sie mit ihren improvisierten Waffen umgehen sollen. Einige schauen auch einfach in den Himmel und scheinen sich überhaupt nicht so richtig auf den Wettstreit zu konzentrieren.

Stäbe 5

Die Bedeutung dieser Karte geht teilweise in die Richtung, die schon durch das Bild angedeutet wird. Sie steht für freundschaftliches Kräftemessen und überhaupt für jede Art von Wettstreit unter Freunden, sei es nun in sportlicher oder beruflicher Hinsicht. Hiermit kann eigentlich jeder Lebensbereich gemeint sein. Dadurch, dass man hier nur zum Spaß in Konkurrenz zueinander tritt, kommt es auch nicht so sehr auf irgendeine Taktik an, sondern einfach nur darauf, dabei zu sein. Aus diesem Grund können es sich die Beteiligten auch tatsächlich erlauben, im übertragenen Sinne in die Luft zu schauen, während der Kampf in vollem Gange ist, genauso wie die Männer auf dem Bild. Wenn die Freundschaft zwischen den Beteiligten allerdings am Bröckeln ist, kann es sein, dass aus Spaß bisweilen auch einmal ernst wird. Dann kann es auch zu Schwierigkeiten zwischen den beteiligten Personen kommen, diese sind allerdings nie so ernsthaft und langwierig, dass sie nicht lösbar wären. Viel eher ist es dann so, dass die Freundschaft auf die Probe gestellt wird. Diese Probe wird jedoch in den meisten Fällen bestanden und es kann weitergehen wie bisher. Manchmal sind solche Auseinandersetzungen auch in intakten Freundschaften unausweichlich, aber man sollte sich deshalb keine Sorgen machen, der gute Ausgang der Sache ist quasi garantiert.

Steht die Karte auf dem Kopf, so sind die Auseinandersetzungen nicht nur vollkommen sinnlos, sondern sie drohen auch, die bestehende Freundschaft schwer zu schädigen oder sogar zu zerstören. Oft ist in solchen Fällen aber auch Unehrlichkeit und Täuschung im Spiel. Was man für Freundschaft gehalten hat, verdient im Nachhinein den Namen oft nicht und mindestens einer der Beteiligten wird eine herbe Niederlage einstecken müssen. Daraus erwächst dann oft nur noch größerer Hass und statt freundschaftlichem Wettstreit steht das unbändige Bedürfnis im Vordergrund, den anderen vollkommen zu zerstören.

11. Stäbe 4

Auf dieser Karte scheint gerade ein fröhliches Fest im Gang zu sein. Im Vordergrund sind vier Stäbe im Quadrat aufgestellt und mit Blumengirlanden miteinander verbunden. Im Hintergrund sieht man eine Festungsstadt, vor der sich einige Leute aufhalten. Ein Teil von ihnen ist nur sehr klein gezeichnet und eher angedeutet. Weiter vorne sind allerdings zwei Menschen deutlicher zu sehen. Sie tragen lange Gewänder mit Umhängen und auf dem Kopf haben sie Blumenkränze. Sie scheinen dem Betrachter mit den Blumensträußen, die sie in der Hand halten, zuzuwinken. Es handelt sich dabei um die gleichen Blumen wie sie auch bei den vier Stäben zu sehen sind und wie sie offensichtlich in der ganzen Umgebung wachsen oder auch verstreut sind. Alle Menschen auf diesem Bild machen einen gelassenen, frohen Eindruck. Die auf dem Bild herrschende Fröhlichkeit wird noch unterstützt durch die vielen Blumen und die hellen, freundlichen Farben.

Diese optimistische Karte steht im Allgemeinen für Menschen, die mit sich und ihrer Umwelt zufrieden sind. Meist handelt es sich dabei auch um Menschen, die in künstlerischen Berufen sehr erfolgreich sind und es immer wieder schaffen, andere mit ihrer guten Laune und ihrer Kreativität anzustecken und aufzuheitern. Manche Kartendeuter halten diese Karte zudem für so positiv, dass sie ihr noch nicht einmal dann eine negative Bedeutung zuschreiben wollen, wenn sie auf dem Kopf steht. Diese sind allerdings eher in der Minderzahl. Aus diesem Grund soll die allgemein akzeptierte Bedeutung der Stäbe, wenn sie auf dem Kopf stehen, auch noch angeführt werden:

In diesem Fall kann man davon ausgehen, dass die in der positiven Bedeutung der Karte angesprochenen kreativen

Stäbe 4

Menschen ihre Kreativität nicht sinnvoll einsetzen können. Sie laufen ständig Gefahr, sich in sogenannte höhere Sphären zu verabschieden und sich ihre eigene Realität aufzubauen. Dadurch wird ihr kreatives Schaffen absolut unverständlich, niemand kann mehr etwas damit anfangen und die Künstler selbst verabschieden sich immer mehr von der Realität. Das wahre Leben ist ihnen fremd und sie können nur noch in ihrer eigenen Welt klarkommen. Vielleicht bilden sie sich aber auch mehr auf ihre Kreativität ein, als eigentlich angebracht wäre. Sie verfolgen dann immer mehr nur noch ihre eigenen Vorstellungen und laufen Gefahr, sich in ihrer eigenen Kunst gefangen zu setzen und wollen nichts mehr für die Allgemeinheit schaffen.

12. Stäbe 3

Während die vorhergehende Karte noch ziemlich viel Lebendigkeit ausgestrahlt hat, hat man nun eher das Gefühl, in eine einsame, wie ausgestorben wirkende Gegend zu gelangen. Alles, was hier auf Leben hindeutet, sind drei mit grünen Blättern bewachsene Stäbe und ein Mann, der mit dem Rücken zum Betrachter steht. Die Landschaft um ihn herum ist nur angedeutet. Es hat allerdings den Anschein, als sei es eine Wüstenlandschaft, in der kein Baum und kein Strauch wächst. Menschen scheinen sich hier auch nicht niedergelassen zu haben.

Der Mann scheint relativ kräftig zu sein, hat kurzes, schwarzes Haar und trägt in etwa die gleiche Kleidung wie die meisten anderen Menschen auf den Karten dieser Serie. Allerdings macht sein Umhang den Eindruck, als sei er repariert worden, weil ein Teil des Stoffes schwarz-weiß kariert ist und nicht so recht zu seinem roten Umhang passt.

Stäbe 3

Ganz im Gegensatz zur Eintönigkeit dieser Karte weist ihre Bedeutung auf erfolgreiche Unternehmungen in der Zukunft hin. Diese werden vor allem deshalb gelingen, weil diejenigen, die sie planen und durchführen, über viel Einfallsreichtum und Gespür für die richtigen Situationen mitbringen. Wenn diese Karte auftaucht, so kann ein Fragesteller, der sich noch nicht ganz sicher ist, ob seine Pläne sich auch verwirklichen lassen, darauf verlassen, dass sich ihm keine Probleme in den Weg stellen werden. Wer jetzt etwas wagt, kann sicher sein, dass er auch gewinnen wird. Er muss nur genügend gute Einfälle haben, dann läuft eigentlich alles von alleine. Außerdem wird er mit jeder neuen Herausforderung wachsen und dadurch seine Persönlichkeit immer weiter stärken. In diesem Stadium befindet der Mann auf der Karte sich offenbar schon, denn er strahlt große Ruhe und Gelassenheit aus und scheint bereits eine beachtliche innere Stärke zu besitzen. Dass er mit seiner linken Hand einen der Stäbe fest hält, als wolle er sich darauf stützen oder daran fest halten, sollte man daher keinesfalls als Schwäche interpretieren. Dieser Mensch kann durchaus ohne sich fest zu halten aus seinen eigenen Füßen stehen.

Steht die Karte allerdings auf dem Kopf, so ist es mit der inneren Stärke nicht allzu weit her und der Fragesteller neigt dazu, bei jeder Kleinigkeit die Nerven zu verlieren. Sein Einfallsreichtum reicht bei weitem nicht aus, um seine an sich guten Vorhaben zu verwirklichen. Er versteigt sich zunehmend in Tagträumereien und wird dadurch immer mehr enttäuscht. Dies kommt seinem Selbstvertrauen nicht gerade zugute, weshalb er sich immer weiter in seine eigene Welt zurückzieht und in der für ihn grauen Realität kaum noch alleine lebensfähig ist. Manchmal veranlasst ein solcher Schiffbruch ihn aber auch dazu, wieder über sich und seine Ziele nachzudenken und dann kann er wieder Fortschritte machen. Dies ist allerdings nur selten der Fall.

13. Stäbe 2

Auf dieser Karte sind wieder einmal mehrere Details zu sehen, man befindet sich mit einem Mal in einer anderen Welt als bei der Karte zuvor. Im Vordergrund sind ein gut gekleideter Mann und zwei mit Laub bewachsene Stäbe zu sehen. Einen dieser Stäbe hält der Mann mit seiner linken Hand fest. In der rechten Hand hält er eine kleine Weltkugel. Diese betrachtet er mit einem eher gleichgültigen Blick. Sie scheint ihm nicht besonders viel zu bedeuten. Die Mauer, neben der er steht, scheint eine Palastmauer zu sein. Von seinem Aussichtsplatz auf hat der Mann zudem einen guten Blicke auf im Tal liegende Häuser, Berge und einen See oder vielleicht auch das Meer.

Die Botschaft dieser Karte geht in etwa in die Richtung, dass jeder sich auf seine guten Einfälle verlassen sollte, um seine Ziele durchzusetzen. Man kann alles erreichen, wenn man es nur wirklich will. Auf diese Weise kann man auch zu sehr viel Macht gelangen. Wer die Macht auf diesem Wege erlangt, wird sie zudem besonnen einsetzen und nicht missbrauchen.

Wenn die Karte auf dem Kopf steht, kann davon natürlich keine Rede sein. Auch hier ist zwar von einem starken Willen und viel Durchsetzungskraft die Rede, aber wer hier sein Ziel erreicht, wird seinen Erfolg nicht genießen können. Irgendwie erscheint ihm alles, was er mit harter Arbeit erreicht hat, nicht mehr besonders aufregend und er kann keine Befriedigung darüber empfinden. Der einzige Lichtblick ist dabei jedoch, dass Menschen, die sich in einer derart unbefriedigenden Situation befinden durch ihre eigene Unzufriedenheit dazu veranlasst werden, ihr Leben komplett zu ändern, damit sie es wieder genießen können. Wenn sie es dann schließlich geschafft haben, ihr Dasein zu verändern,

Stäbe 2

haben sie auch wieder die notwendige Kraft, ihrem Leben einen neuen Sinn zu geben. Erst dann sind sie aus dieser für sie schlechten Situation befreit.

14. Das Ass der Stäbe

Diese Karte wirkt auf den ersten Blick etwas seltsam: Gewissermaßen aus dem Nichts taucht eine Hand auf, die teilweise von einer grauen Wolke umgeben ist und einen Stab hält. Dieser Stab trägt mehr grüne Blätter als die Stäbe auf den anderen Karten, aber er ist gerade im Begriff einige von ihnen zu verlieren. Unterhalb von dieser Hand, die anscheinend aus dem Himmel kommt, ist eine grüne fruchtbare Landschaft zu sehen, in der eine kleine Burg angedeutet ist.

Wenn diese Karte auftaucht, kann ein ansonsten recht ängstlicher Fragesteller hoffen, dass er diese Ängste bald verlieren wird. Schon bald wird er feststellen, dass er innerlich sehr viel stärker sein wird als er bisher geglaubt hätte. Dieses neu gewonnene Selbstvertrauen wird sich auf alle Bereiche seines Lebens ausdehnen und es wird ihm vielleicht schon bald wieder möglich sein, sein Leben in vollen Zügen zu genießen. Vorher war es nämlich so, dass er sich mit seinen Selbstzweifeln gequält und sich das Leben dadurch unnötig schwer gemacht hat. Eine solche Situation ist bestens dazu geeignet, neue Wagnisse einzugehen, denn die Gefahr eines Scheiterns ist nur sehr gering.

In einer solchen Phase sprüht der Mensch im Allgemeinen vor Kreativität und kann seinem Leben eine entscheidende Wendung geben. Man sollte jetzt wirklich alle unnötigen Bedenken über Bord werfen und sein Leben wieder selbst in die Hand nehmen.

Ass der Stäbe

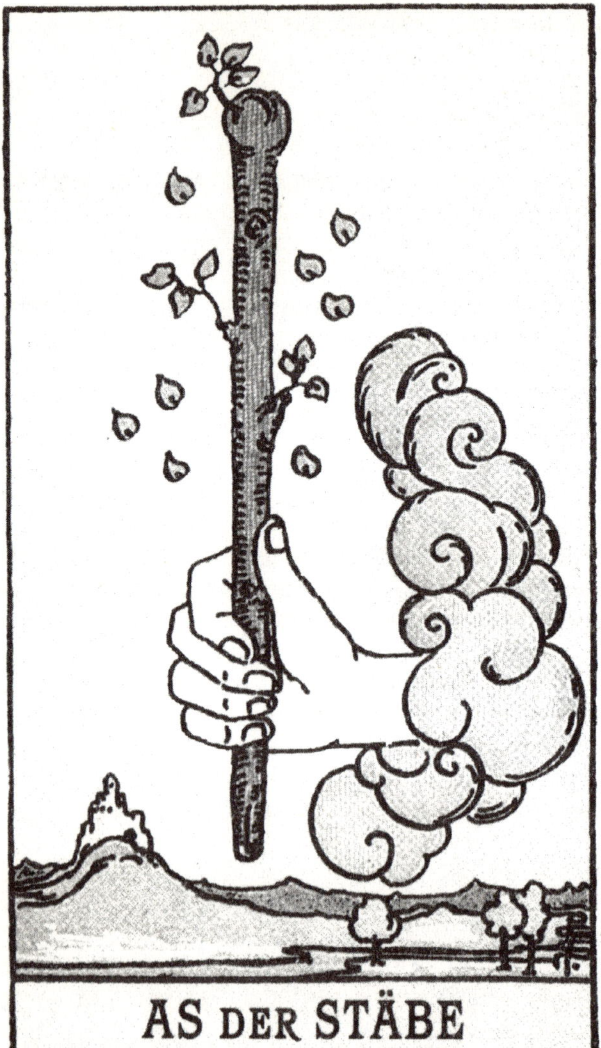

Steht die Karte auf dem Kopf, so kann man allerdings nicht so zuversichtlich seine. Hier geht es eher darum, dass man mut- und kraftlos wird. Man hat das Gefühl, dass die ganze Welt sich gegen einen selbst verschworen hat und dass nichts mehr gelingen will. Dies kann sich sowohl auf berufliche Niederlagen als auch auf persönliche Probleme beziehen. Hier hilft nur eins: innehalten und die eigene Situation möglichst objektiv analysieren. Dies kann den Fragesteller schon ein gutes Stück weiterbringen. Nach intensiven Überlegungen sollte man sich dann daranmachen, die anstehenden Probleme Stück für Stück zu lösen. Je kleiner die Schritte dabei sind, desto besser ist es im Allgemeinen. Die Erlangung innerer Ruhe und Besonnenheit sind hier oberstes Gebot.

Die Serie der Kelche

1. Der König der Kelche

Der König der Kelche ist ein ruhig blickender Mann mit sehr femininen Gesichtszügen. Er sitzt auf einem grauen Thron aus Stein. Im Gegensatz zu den anderen Thronen, die bisher auf verschiedenen Karten zu sehen waren, ist er nicht einfach schmal und eckig, sondern sieht eher aus wie ein gemütlicher Sessel. Auf dem Kopf trägt der König der Kelche eine mit roten Edelsteinen verzierte Krone. Seine Kleidung besteht aus einem langen, weiten, blauen Gewand, einen gelben Umhang und einer roten Schärpe. An der Kette, die er um den Hals trägt, hängt ein Fisch. In Lauf der Geschichte wurde der Fisch meist als Symbol für die Christen gebraucht, er kann jedoch auch für schöpferische Kreativität stehen. Letzteres ist hier wahrscheinlicher, weil in der Bedeutung der Karte nicht von christlichen Aspekten die Rede ist.

König der Kelche

Ob es sich bei diesem Fisch nun um einen echten Fisch handelt oder nicht, ist schon ausgedehnt von den verschiedensten Kartendeutern diskutiert worden, die endgültige Antwort auf diese Frage dürfte jedoch keinen besonderen Einfluss auf ihre Deutung haben. In der linken Hand hält der König der Kelche ein kleines Zepter und in der rechten das Symbol dieser Serie, den Kelch.

Das Besondere an der Karte fällt dem Betrachter meist erst bei genauerem Hinsehen auf, denn hier wird eine physikalische Unmöglichkeit präsentiert: Ein steinerner Thron, zudem noch mit dem Gewicht eines erwachsenen Menschen beladen, schwimmt ohne Hilfsmittel auf der Wasseroberfläche eines Meeres. Hinter dem Thron sind sowohl ein Fisch als auch ein Schiff mit geblähten Segeln zu sehen. Der Thron schwimmt auf dem Wasser, weil Wasser ein Zeichen für Kreativität ist und man damit zeigen wollte, dass der König der Kelche ein kreativer Mensch ist. Da es sich hierbei nicht nur um ein Rinnsal handelt, sondern um ein ganzes Meer von Wasser, kann man davon ausgehen, dass es sich sogar um einen sehr kreativen Menschen handelt.

Die divinatorische Bedeutung der Karte sieht hier allerdings nicht nur einen Menschen vor, der selbst kreativ ist, sondern auch jemanden, der Künste großzügig fördert. Wenn diese Karte auftaucht, handelt es sich bei dem Fragesteller in der Tat meistens um einen Menschen, der sich intensiv mit Kunst beschäftigt und diese wohl auch zu fördern bereit ist. Dies ist jedoch nicht die einzige Bedeutung der Karte. Gleichzeitig spricht man in Verbindung mit dieser Karte auch von Menschen, die sehr diplomatisch sind und daher gerne dann hinzugezogen werden, wenn es schwierige Verhandlungen zu führen gilt. Diese Menschen sind dann zwar sehr hilfsbereit, aber selbst von ihren Auftraggebern lassen sie sich nur selten in die Karten schauen. Sie erledigen ihre Arbeit gut und gewissenhaft, aber sie lassen niemanden an sich heran. Geschäft ist für sie Geschäft.

Schlechter sieht es natürlich aus, wenn die Karte auf dem Kopf steht und dann wie (fast) alle anderen Karten negative Dinge ausdrückt. Hier ist nicht von uneigennützigen Helfern die Rede, sondern von berechnenden, ehrgeizigen Menschen, die keine Möglichkeit auslassen, andere zu übervorteilen. Auch sollte man einen solchen Menschen nicht unbedingt zu seinem Verhandlungsführer bestimmen, denn er hat keinerlei Fingerspitzengefühl und macht eher alles schlimmer als besser. Zudem muss man bei diesem Menschen immer auf der Hut sein, ob er nicht vielleicht sogar auf den entgegengesetzten Seite steht.

2. Die Königin der Kelche

Im Gegensatz zum König der Kelche, der trotz aller Eigenheiten einen relativ bodenständigen Eindruck macht, vermittelt die Königin der Kelche den Eindruck, als sei sie von der Realität recht weit entfernt. Während der König der Kelche ernsthaft in die Ferne blickt, schaut sie sich eher verträumt einen besonders kunstvoll gefertigten Kelch an. Während die anderen Kelche in dieser Serie der typischen Vorstellung von einem Kelch entsprechen, ist dieser Kelch reich verziert und auf den ersten Blick nicht als solcher zu erkennen: statt der normalen runden Form ist er achteckig und hat einen Deckel, was bei den anderen Kelchen nicht der Fall ist. Auf der Spitze des Kelches ist ein Kreuz zu sehen. Von seinem Fuß gehen zwei rechteckige Henkel ab, auf denen zwei Engel mit sehr großen Flügeln stehen.

Die Königin selbst trägt Kleider aus einem Stoff, dessen Farbe an die des Meeres oder an Wasser allgemein erinnert.

Die Königin der Kelche

Auf dem Kopf trägt die Königin eine schwer aussehende eckige Krone.

Auch der Thron der Königin der Kelche ist sehr aufwändig gestaltet. Die Rückenlehne des Thrones überragt den Kopf der Königin um ein gutes Stück und hat die Form einer Muschel. Offensichtlich besteht auch dieser Thron aus Stein. Dieser Stein erinnert an den Sandstein, der im Mittelalter häufig zum Bauen von Kirchen verwendet wurde. Sowohl auf der Rückenlehne als auch an der Seite des Thrones sind Nixen zu sehen, deren Oberkörper und Gesichter aussehen wie barocke Putten. Einer der Engel hält wieder einen Fisch in der Hand, also das Symbol für Kreativität, das uns auch schon beim König der Kelche begegnet ist.

Bei dem Thron auf dieser Karte ist es nicht sicher, ob er auf dem Wasser schwimmt. Einerseits ist er größtenteils von Wasser umgeben, andererseits sieht man hinter dem Thron eine Steilküste. Zu Füßen der Königin ist Sand zu sehen, auf dem bunte Steine liegen. Es könnte also durchaus sein, dass die Königin am Rand eines Strandes sitzt und zwar an einem Teil des Strandes, das weit ins Wasser hineinragt. Aber in jedem Fall kommt auch die Königen der Kelche mit diesem Zeichen für Kreativität in Verbindung, weil sie mit den Füßen fast im Wasser 'steht'.

Nun aber zu der divinatorischen Bedeutung der Karte. Da sie den kunstvollen Kelch in ihrer Hand so genau betrachtet, könnte es durchaus sein, dass dieser ihr eigenes Werk ist, das sie nach der Fertigstellung kritisch betrachtet, um es vielleicht noch einmal zu verbessern. Gemeinhin sieht man in ihr ebenso wie im König der Kelche einen schöpferisch begabten Menschen, der jederzeit dazu bereit ist, andere Künstler zu unterstützen. Allerdings scheint sie nicht so selbstbewusst zu sein wie ihr männliches Gegenstück, was ihr Blick und ihre Körperhaltung verraten: Ihr Blick ist weder so selbstbewusst wie der des Königs, noch sitzt sie so aufrecht und selbstsicher wie er auf ihrem Thron.

Wenn die Karte auf dem Kopf steht, stellt sie einen Menschen dar, der so weit von der Realität entfernt, ist, dass er, wenn er sich schon einmal in das reale Geschehen um ihn herum einmischt, nur Schaden anrichtet. Dies liegt zum einen daran, dass sie dann darauf aus ist, eigene Interessen zu verfolgen, andererseits aber auch daran, dass sie auf Grund ihrer sonstigen Abgeschiedenheit von der Realität nicht über die nötigen Kenntnisse für kompetente Entscheidungen verfügt. Erschwert wird dies dann noch dadurch, dass sie sehr launisch ist und sich ihre Ansichten dadurch ständig ändern. Man kann sich also absolut nicht auf sie verlassen. In ihr paart sich die äußerst gefährliche Mischung aus Ehrgeiz und Realitätsferne.

3. Der Ritter der Kelche

Der Ritter der Kelche im Rider-Waite-Tarot ist auf den ersten Blick eine recht eigenartige Erscheinung: Anstelle der Tunika, die auf traditionellen Karten im Allgemeinen seine Bekleidung ist, trägt er eine Ritterrüstung. Diese Rüstung ist auf ungewöhnliche Weise verziert: Sowohl auf dem Helm, als auch an den Füßen befinden sich Füße. Damit soll angedeutet werden, dass dieser Mensch des Öfteren mit seinen Gedanken 'davonzufliegen' droht oder dass er zumindest von Zeit zu Zeit über dem Boden der Tatsachen schwebt.

Über seiner Rüstung trägt er eine lange, ärmellose Weste, auf der mehrere Fische zu sehen sind, die seine Kreativität zum Ausdruck bringen sollen. Allerdings kann man an dem recht schmalen und ruhig dahinfließenden Fluss im Hintergrund

Ritter der Kelche

erkennen, dass er über weit weniger Kreativität verfügt als der König und die Königin der Kelche. Auch scheint der Fluss nicht auszureichen, um das Land, das er durchfließt, fruchtbar zu machen, denn die Landschaft gleicht eher einer vertrockneten Einöde, auch wenn im Hintergrund ein paar kleine Bäume zu sehen sind.

Auch der Ritter der Kelche hält einen massiv aussehenden Kelch in der rechten Hand. Diesen Kelch betrachtet er auch recht eingehend. Insgesamt machen sowohl er als auch sein Pferd einen sehr gemächlichen Eindruck. Beide scheinen in ihre Gedanken versunken und sie scheinen auch nicht in Eile zu sein.

In der divinatorischen Bedeutung dieser Karte handelt es sich um einen netten Menschen, der oft gute Nachrichten überbringt, und angesehen ist, auch wenn er des Öfteren vor sich hin träumt. Er bringt andere Menschen dazu, selbst etwas kreativer zu sein, und neue Einfälle zu verwirklichen. Er strahlt große Ruhe aus und weckt so das Vertrauen vor allem der Menschen, die über gerade diese Eigenschaft nicht verfügen.

Wenn die Karte auf dem Kopf steht, ist er nicht so vertrauenswürdig. Man kann ihm dies dann oft noch nicht einmal so richtig übel nehmen, weil man weiß, dass er oft selbst nicht so genau weiß, was die Wahrheit ist und was er nur aus einer Laune heraus erfunden hat. Wenn man ihn dann auf den Boden der Tatsachen zurückzubringen versucht muss man damit rechnen, dass er die sehr übel nimmt und nach Möglichkeiten sucht, dem zu entgehen.

4. Der Page der Kelche

Der Page der Kelche ist noch sehr jung und macht einen ruhigen, ausgeglichenen Eindruck. Er ist gut gekleidet, wenn seine Kleidung auch etwas ausgefallen wirkt. Abgesehen von seiner ungewöhnlichen Kopfbedeckung hat er ein mit Blumen geschmücktes Gewand an. In seiner rechten Hand hält er einen Kelch, der dem des Ritters sehr ähnlich ist. Im Gegensatz zu vielen anderen Darstellungen des Pagen der Kelche kann man bei dem Pagen des Rider-Waite-Tarots auch sehen, was sich in seinem Kelch befindet: Ein Fisch schaut aus der Öffnung des Kelches heraus und dem Pagen direkt ins Gesicht. Er schaut ruhig und interessiert zurück. Er ist bereit, etwas von der Kreativität, die der Fisch ihm vermitteln kann, in sich aufzunehmen für sich zu nutzen.

Damit sind wir auch schon bei der divinatorischen Bedeutung des Pagen der Kelche: Er steht für einen jungen, künstlerisch begabten Mann, der mit großem Interesse versucht, noch mehr Wissen zu erlangen, um dies mit seiner Kreativität zu verbinden und es sich so zu Nutze zu machen. Er bemüht sich stets darum, sich nicht nur Halbwissen anzueignen, sondern fundierte Kenntnisse. Wenn man ihn um Rat fragt, kann man sicher sein, dass man von ihm eine ehrliche, kompetente Antwort erhält.

Die negative Bedeutung der Karte bringt zum Ausdruck, dass der Fragesteller den Mund gerne etwas voll nimmt. Er macht sich genau das Halbwissen zu eigen, das der aufrecht liegende Page der Kelche so verabscheut. Ihm macht es nichts aus, dass er nur wenig weiß. Er braucht dieses Wissen ohnehin nur, um sich bei anderen wichtig zu machen. Wer ihn nicht direkt durchschaut, läuft durchaus Gefahr, auf sein leeres Geschwätz hereinzufallen und kann dadurch im schlimmsten Fall Nachteile erleiden.

Der Page der Kelche

5. Kelche 10

Auf dieser Karte erscheinen die zehn Kelche als eine Art Regenbogen, jedenfalls sind sie in dieser Weise am Himmel des dargestellten Geschehens abgebildet. Außer dem Regenbogen aus Kelchen sind auf der Karte noch vier Personen zu sehen; zwei Erwachsene und zwei Kinder. Die beiden Erwachsenen (ein Mann und eine Frau) stehen nebeneinander und schauen den Regenbogen an, jeder von ihnen hat einen Arm in die Luft gehoben, um seine Freude zu zeigen. Die beiden Kinder tanzen miteinander einen ziemlich ausgelassenen Tanz, wodurch auch ihre Freude über das Ereignis dargestellt werden soll. Die Landschaft im Hintergrund ist farbenfroh, hier scheint es an nichts zu fehlen. Insgesamt macht das Bild einen recht idyllischen Eindruck.

Die divinatorische Bedeutung der Karte wird schon durch die abgebildete Idylle angedeutet: Man kann sich auf eine gute Nachricht gefasst machen. Außerdem wird sich in nächster Zeit nur Freudiges und Positives ereignen, das persönliche Glück wird nahezu perfekt werden. Hat man gerade zuvor noch unter schwer wiegenden Sorgen gelitten, werden sich diese Sorgen regelrecht von heute auf morgen in nichts auflösen. Die besten Voraussetzungen also auch, um die Erfüllung lange gehegter Wünsche anzugehen.

Ziemlich genau das Gegenteil tritt allerdings ein, wenn die Karte auf dem Kopf steht. In diesem Fall muss man mit viel Falschheit von Seiten seiner Mitmenschen rechnen und Dinge, an denen man hängt, können verloren gehen. Dies kann sich sowohl auf materielle Dinge beziehen, als auch auf die Beziehung zu Menschen, an denen man hängt. Vor allem sollte man immer auf der Hut vor Menschen sein, die eigennützige Ziele verfolgen und dabei vor nichts zurückschrecken.

Kelche 10

6. Kelche 9

Der Mensch auf diesem Bild scheint nur eines zu wollen: Sich einmal so richtig auszuruhen. Auf einer halbrunden Anrichte hinter ihm sind neun Kelche fein säuberlich aufgebaut. Er sitzt in der Mitte des Bilds auf einem Holzbänkchen. Obwohl dieses Bänkchen nicht gepolstert ist, scheint er es trotzdem recht gemütlich zu haben. Er hat sich aufrecht hingesetzt und die Arme vor seinem Oberkörper verschränkt. Bekleidet ist er mit einem bequemen, langen, weiten Gewand. Auf dem Kopf trägt er einen auffälligen roten Hut mit einer Feder in der gleichen Farbe. Er strahlt vollkommene Ruhe, Gelassenheit und Zufriedenheit aus.

In diese Richtung geht auch die divinatorische Bedeutung der Karte: innere Ruhe und Ausgeglichenheit, Zufriedenheit mit sich und der Welt und ein daraus resultierendes gutes Verhältnis zu den Mitmenschen. Wer so zufrieden ist, kann auch großzügig sein und macht sich dadurch in seiner näheren Umgebung nur noch umso beliebter. Sorgen und Probleme sind einem solchen Menschen fremd. Diese Stimmung überträgt sich dann oft auch auf andere Menschen, die dann eine ähnlich große innere Harmonie erfahren.

Wenn die Karte auf dem Kopf steht, spricht sie eine andere Sprache: sie erzählt dann von Neid, Missgunst, Selbstsucht und Arroganz. Wer einem solchen Menschen begegnet, muss sich auf etwas gefasst machen, er muss auf jeden Fall damit rechnen, um einige unangenehme Erfahrungen reicher zu werden. Der Mensch, der durch diese Karte charakterisiert wird, wird Fehler nie bei sich selbst suchen, sondern immer nur bei den anderen. Selbst wenn er weiß, dass er selbst einen Fehler gemacht hat, wird er dies nie zugeben, sondern immer versuchen, jemand anderem alles in die Schuhe zu schieben.

Kelche 9

7. Kelche 8

Diese Karte ist in recht düsteren Farben gemalt. Der Hintergrund ist graubraun, der einzige helle Punkt darin ist der Mond, der wie eine Kombination aus Vollmond und Mondsichel aussieht. Er schaut auf einen Menschen hinab, der sich von dem abgebildeten Geschehen zu entfernen scheint. Sein Gesichtsausdruck ist sehr traurig, scheint zugleich aber auch auszudrücken, dass er das, was geschieht, billigt.

Die Landschaft, in der der Mensch sich bewegt, ist auch recht trostlos. Sie ist in dunklen, für eine Landschaft nicht so recht passenden Farben gemalt. Im Vordergrund sind acht Kelche gut sichtbar aufgebaut, diese scheint der Mann mit den roten Kleidern und dem Wanderstab hinter sich zurücklassen zu wollen.

In die Richtung, dass man etwas hinter sich zurücklässt, geht auch die divinatorische Bedeutung dieser Karte. Es kann sich dabei um private Angelegenheiten wie zum Beispiel ein Beziehung, die sich irgendwie totgelaufen hat, handeln, oder aber auch um den Schlussstrich in einem anderen Bereich des Lebens. So kann es zum Beispiel sein, dass jemand, der im Beruf frustriert ist, jetzt endlich kündigt und einen beruflichen Neuanfang sucht. Im extremsten Fall will jemand sein gesamtes Leben neu ordnen und lässt deshalb gewissermaßen seine ganze bisherige Existenz hinter sich. In den meisten Fällen kann man davon ausgehen, dass die getroffene Entscheidung richtig ist, wenn die Karte richtig herum liegt.

Steht die Karte auf dem Kopf, kann es dagegen durchaus sein, dass man eine Sache zu schnell aufgibt und den übereilten Entschluss nachher bereut.

Kelche 8

Eine andere Möglichkeit, sich falsch zu entscheiden ist aber auch die, dass man zu lange an etwas fest hält, was es eigentlich nicht mehr wert ist. Entweder ist man zu unentschlossen, um den entscheidenden Schritt zu gehen, oder man spürt, dass man noch eine Zeit lang braucht, um einen derart entscheidenden Schritt zu wagen.

8. Kelche 7

Dies ist eine der eigenartigsten Karten im Rider-Waite-Tarot. Auf den ersten Blick kann man überhaupt nichts damit anfangen. Wenn man allerdings davon ausgeht, dass es sich bei den Inhalten der Kelche um die Wunschträume eines Menschen handelt, wird vieles klarer.

Der Mann im Vordergrund sieht Dinge, die er schon immer haben wollte, vor sich ausgebreitet und darf sich etwas davon auswählen. Dies bringt ihn allerdings in bestimmte innere Konflikte, denn egal wofür er sich entscheidet, er muss auf jeden Fall andere Dinge dafür stehen lassen.

In diese Richtung geht auch die divinatorische Bedeutung der Karte: Die schon sprichwörtlich gewordene Qual der Wahl. Diese Qual der Wahl ist für denjenigen, der wählen kann, in gewisser Weise auch eine Last, denn er steht unter dem Druck, die richtige Wahl treffen zu müssen. Dabei muss sehr genau abgewägt werden, welche Entscheidung welche Vor- und vor allem auch welche Nachteile sie hat. Wenn die Karte richtig liegt, kann man davon ausgehen, dass der Fragesteller das richtige Gespür dafür hat, welche Wahl die richtige ist. Wenn er auch noch so viel Wahlmöglichkeiten hat, er wird stets die richtige Entscheidung treffen.

Kelche 7

Da die Auswahl, die auf dem Bild gezeigt wird, nicht gerade realistisch ist, kann es durchaus auch sein, dass es sich bei den gezeigten Möglichkeiten nicht um reale, sondern um erträumte Möglichkeiten handelt, um Luftschlösser also. Allerdings läuft derjenige, der diese Luftschlösser baut, nie Gefahr, den Kontakt zur Realität zu verlieren. Dies trifft allerdings nur dann zu, wenn die Karte nicht auf dem Kopf steht.

Steht die Karte auf dem Kopf, ist dies nicht garantiert. Es ist sehr viel wahrscheinlicher, dass immer die schlechteste Wahl getroffen wird. Der Fragesteller weiß überhaupt nicht, nach welchen Kriterien er entscheiden soll. Aus diesem Grund lässt er sich dabei nur von seinem Gefühl leiten, dieses Gefühl trügt ihn allerdings nur zu oft.

9. Kelche 6

Diese Karte zeigt wieder eine der idyllischeren Szenen, Die Szene scheint sich auf dem Marktplatz eines kleinen Dorfes abzuspielen. In der Mitte des Bildes sind zwei Figuren zu sehen: Ein Junge, der wie ein Narr gekleidet ist, und eine junge Frau, die sich mit ihm zu unterhalten scheint. Der Narr ist gerade dabei, ihr einen Kelch mit einer Blume zu übergeben. Im Vordergrund des Bildes sind noch vier weitere Kelche zu sehen, die die gleichen Blumen enthalten.

Wie die Atmosphäre des Bildes andeutet, steht diese Karte für einen Menschen, der im Einklang mit seiner Umwelt lebt. Es gibt keine Zwistigkeiten, man versteht es immer wieder, sich gütlich zu einigen. Oft erfüllen sich auch kleiner oder größere Wünsche, die man schon lange gehegt, auf deren Erfüllung man allerdings nie zu hoffen gewagt hatte. Oft wird diese Karte auch mit der Vergangenheit in Verbindung gebracht. Man geht dann davon aus, dass die jetzt erfüllten

Kelche 6

Wünsche nur deshalb erfüllt werden konnten, weil in der Vergangenheit bewusst oder unbewusst die Voraussetzungen dafür geschaffen worden waren. Insgesamt ist das Verhältnis zur Vergangenheit immer als positiv zu bewerten.

Steht die Karte jedoch auf dem Kopf, wird die Vergangenheit stark überbewertet, vielleicht sogar regelrecht glorifiziert. Dies hat dann zur Folge, dass der Mensch sich gewissermaßen selbst in seinen Erinnerungen gefangen setzt und nur noch in der Vergangenheit leben kann. Mit der Gegenwart oder gar mit der Zukunft kann er dann nichts mehr anfangen. Es kann aber auch sein, dass Träume wie Seifenblasen zerplatzen und dass die Situation des Fragestellers ziemlich ausweglos erscheint.

10. Kelche 5

Dieses ist wieder eines der weniger optimistischen Bilder. Eine schlanke, ganz in schwarz gekleidete Frau steht mit dem Rücken zum Betrachter. Sie hat ihren Kopf gesenkt und man braucht nicht viel Fantasie um zu erkennen, dass sie großen Kummer hat. Diese Kummer wird auch durch die drei vor ihr liegenden, umgestürzten Kelche symbolisiert, deren Inhalt auf dem Boden verschüttet ist. Trotz ihrer Trauer bleibt diese Frau ruhig, sie scheint zu akzeptieren, was geschehen ist. Allerdings ist die Situation nicht ganz so hoffnungslos wie es scheint, denn hinter der Frau stehen noch zwei unversehrte Kelche. Diese sieht sie in ihrem Schmerz zwar nicht, aber trotzdem deuten sie eine bessere Zukunft an.

Entsprechend der Darstellung auf der Karte geht es hier um schwer wiegende Verluste. Welcher Art diese Verluste sind, müssen die Nachbarkarten aussagen. Mit diesen Verlusten kann man nur dann klarkommen, wenn man das, was ge-

Kelche 5

schieht, auch akzeptiert. Erst dann wird man die Möglichkeit erhalten, sich umzudrehen und mit den zwei übrig gebliebenen Kelchen einen Neuanfang zu machen.

Steht die Karte auf dem Kopf, sieht die Zukunft sehr düster aus denn dann fallen die hinter der Frau stehenden Kelche nicht mehr ins Gewicht. Der Fragesteller wird an einer traurigen Situation zerbrechen. Der Verlust wird bewirken, dass er jeglichen Lebensmut verliert und es wird lange dauern, bis er diese Krise überwunden hat.

11. Kelche 4

Auf dieser Karte ist ein junger Mann zu sehen, der mit dem Leben offenbar abgeschlossen hat. Er hat Bilanz gezogen und drei Kelche vor sich aufgebaut. Diese Bilanz scheint ihn allerdings nicht gerade zufrieden zu stimmen, denn er macht einen niedergeschlagenen Eindruck. Er ist so in seinen Kummer und in die scheinbare Ausweglosigkeit der Situation vertieft, dass er gar nicht merkt, dass gewissermaßen aus dem Nichts noch ein neuer Kelch auftaucht, den eine Hand ihm entgegenstreckt.

Ähnlich wie dem Mann auf dem Bild geht es auch dem Fragesteller. Er ist mit seinem bisherigen Leben unzufrieden und verkennt dabei ganz die neuen Möglichkeiten, die sich ihm auftun. Sie ist somit also ein Ansporn, die Augen im wahrsten Sinne des Wortes zu öffnen und so die neuen Möglichkeiten wahrzunehmen.

Steht die Karte auf dem Kopf, bildet oft auch die durch den vierten Kelche symbolisierte neue Alternative keine Lösung des Problems. Hier liegt es an dem Menschen, sich selbst aufzumachen und nach neuen Lösungen zu suchen.

Kelche 4

12. Kelche 3

Auf dieser Karte geht es wieder fröhlicher zu. Drei festliche gekleidete Frauen tanzen mit erhobenen Armen. Jede hält in einer ihrer Hände einen Kelch. Sie scheinen gut gelaunt zu sein und sich gut zu verstehen. Sie scheinen es zu genießen, sich miteinander zu vergnügen, auch wenn dieses Vergnügen vielleicht keinen besonderen Zweck verfolgt.

Die divinatorische Bedeutung zielt in dieselbe Richtung. Man kann sich darauf gefasst machen, dass man viele schöne Stunden erleben wird. Sorgen werden mit einem Schlag vergessen sein und wenn man irgendwann auch wieder aus seinem Freudentaumel aufwacht, wird man vielleicht manches mit anderen Augen sehen. Auf jeden Fall werden alle Probleme auf die eine oder andere Weise gelöst werden.

Steht die Karte auf dem Kopf, schlägt die Freude entweder in Trauer um oder in Besessenheit. Die Besessenheit bewirkt, dass man die Freude nicht mehr genießen kann, auch wenn die eigenen Bedürfnisse im Grunde genommen erfüllt werden. Es ist dann jedoch wie bei einem Süchtigen. Wenn ein Bedürfnis erfüllt ist, kommt gleich das Nächste, oder man will von dem, was man hat, noch mehr haben. Zufrieden ist man nie.

Man erleidet entweder einen Verlust, oder man erreicht nie das, was man gerne hätte. In beiden Fällen ist der Mensch nicht zufrieden und wird es wahrscheinlich nie sein.

Kelche 3

13. Kelche 2

Diese Karte erinnert an die Karte der Liebenden in den großen Arkana. Beide sind festlich gekleidet und tragen Blumenkränze auf dem Kopf. Jeder von ihnen hält einen Kelch in der Hand. Offenbar wollen sie die Kelche miteinander austauschen. Statt eines Engels wie in den großen Arkana sehen wir nun ein Tier, das über den beiden Menschen schwebt. Es handelt sich dabei um einen Löwenkopf mit Engelsflügeln. Von diesem Kopf geht eine Art Stab ab. Um diesen winden sich zwei Schlangen. Wie bereits zuvor bemerkt, stehen sie für die Weisheit. Dadurch, dass die beiden Personen ihre in den Kelchen enthaltenen Erfahrungen austauschen, erlangen sie die durch die Schlangen symbolisierte Weisheit. Wächter über dieses Geschehen ist der Löwe.

Wie schon durch das Paar angedeutet, ist die vorrangige Bedeutung dieser Karte Liebe. Ist die Karte richtig herum, geht es um Liebesglück durch erfüllte Liebe. Manchmal steht sie auch für eine innige, schon seit vielen Jahren bestehende Freundschaft, die sich schon in vielen schwierigen Situationen bewährt hat. Vielleicht kann man aber auch eine wichtige Angelegenheit zu einem guten Ende bringen. Vieles ist möglich, wenn diese Karte auftaucht.

Steht die Karte auf dem Kopf, so ist es mit dem Liebesglück nicht allzu weit her. Hier geht es eher um das Ende einer Beziehung, manchmal herbeigeführt durch Untreue. Sie kann aber auch für grenzenlose ja vielleicht sogar krankhafte Eifersucht stehen. Ob diese Eifersucht begründet ist oder nicht, müssen die Nachbarkarten verraten.

Kelche 2

14. Das Ass der Kelche

Diese Karte ist wieder irreal gehalten. Eine Hand, die teilweise von einer Wolke umgeben ist, kommt wieder gewissermaßen aus dem Nichts. Auf der Handfläche steht ein goldener Kelch. Aus diesem Kelch kommen vier Wasserstrahle. Das Wasser läuft wie eine Fontäne aus dem Kelch heraus und fließt dann in einen See, auf dem einige Seerosen zu sehen sind. Eine weiße Taube fliegt auf die Öffnung des Kelches zu. Im Schnabel trägt sie eine Münze, auf der ein Kreuz zu sehen ist. Auf den Kelch selbst ist entweder ein umgedrehtes M oder ein W geschrieben.

Wenn die Karte richtig herum liegt, geht es auch hier wieder um Liebe und Wunscherfüllung. Vielleicht steht aber auch die Geburt eines Kindes bevor, um die Liebe sozusagen perfekt zu machen. Diese Liebe wird durch nichts getrübt. Die Partner bringen viel gegenseitiges Verständnis füreinander auf. Außerdem sind sie sich treu und es hat den Anschein, als würde sich daran so schnell nichts ändern.

Bei einem Ass der Kelche, das auf dem Kopf steht, ist die erwähnte Liebe mit Problemen behaftet. Wenn die anderen Karten eine Schwangerschaft vorhersagen, kann es bei dieser ungünstigen Konstellation sogar zu einer Fehlgeburt kommen. Manchmal steht sie auch für ungewünschte Kinderlosigkeit. Derartige Dinge können die Beziehung, die bei der richtig liegenden Karte so glücklich ist, stark beeinträchtigen.

Ass der Kelche

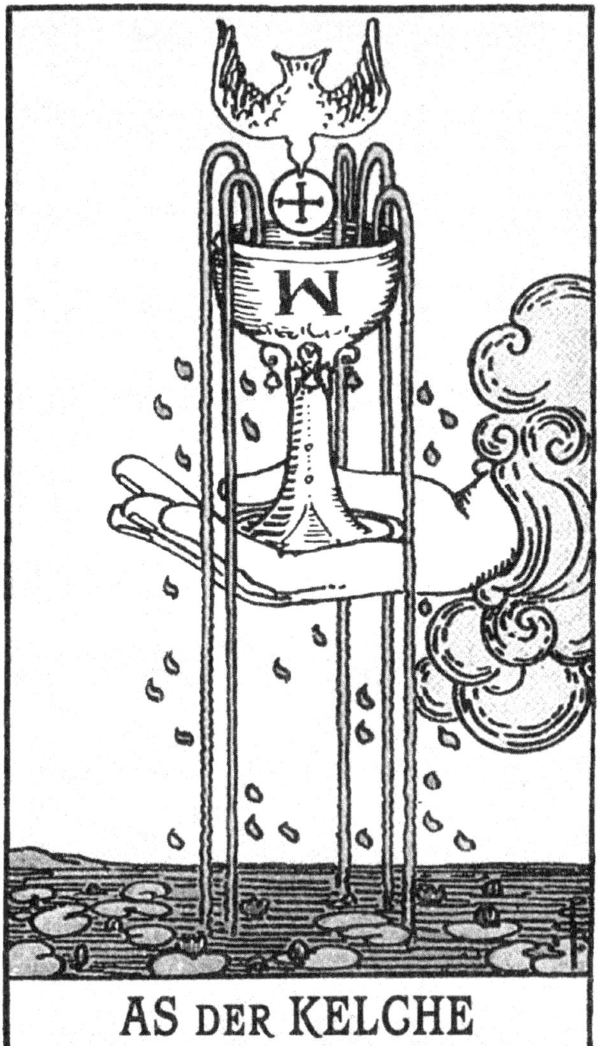

Die Serie der Schwerter

1. Der König der Schwerter

Der König der Schwerter sitzt mitten in einer Landschaft auf seinem Thron. Die Landschaft hat jedoch keine besondere Bedeutung auf dieser Karte, sie ist lediglich als eine Zierde zu verstehen. Der Himmel ist etwas bewölkt, sieht aber dennoch freundlich aus. Der Thron des Königs der Schwerter ist nicht besonders schön. Seine Lehne ist sehr schmal und hoch und mit eigenartigen Mustern verziert. Der König selbst schaut ernsthaft und unbeirrt nach vorne. In seiner rechten Hand hält er ein Schwert, dessen Spitze zum Himmel zeigt.

Diese Karte steht für jemanden, der über natürliche Autorität verfügt und sich so bei jedem, der ihm begegnet, mühelos Respekt verschafft. Er gilt als Person, die mit beiden Füßen fest auf dem Boden steht. Übersinnliches oder Träumereien sind ihm ein Gräuel, für ihn existiert nur das, was sich einwandfrei beweisen lässt. Aus diesem Grund fühlt er sich auch oft solchen Menschen gegenüber überlegen, die weniger Wert auf die absolute Realität legen. Allerdings kann es durchaus sein, dass er in seiner eigenen Realität gefangen ist und paradoxerweise gerade dadurch die wahre Realität nicht mehr sieht. In solchen Fällen sind die Entscheidungen, die er trifft, mit Vorsicht zu genießen. Sie sind dann nicht so objektiv wie der König der Schwerter es uns vormachen möchte. Wenn diese Karte auf dem Kopf steht, verstärken sich die negativen Eigenschaften dieses Menschen noch: Die wahre Realität interessiert ihn dann überhaupt nicht mehr, er lebt mit voller Absicht nur noch nach seiner eigenen Wahrheit und verfolgt vollkommen egoistisch seine eigenen Ziele. Macht ist für ihn nur noch ein Selbstzweck und er scheut nicht davor zurück, andere Menschen in Schwierigkeiten zu bringen, wenn es ihm irgendwie nützt.

Der König der Schwerter

2. Die Königin der Schwerter

Bei dieser Königin handelt es sich um eine sehr maskulin aussehende Frau. Sie ist von der Seite gezeichnet. Die Umgebung, in der sie sitzt ist der ähnlich, in der der König der Schwerter sitzt. Der Himmel, der auf dieser Karte zu sehen ist, ist jedoch von sehr viel mehr Wolken bedeckt als bei der vohergehenden Karte. Ihr Thron ist recht aufwändig verziert und zeigt auf der einen Seite das Gesicht eines Kindes. Die Königin blickt sehr ernsthaft nach vorne. Sie scheint gegenüber dem, was sie sieht, allerdings nicht feindlich eingestellt zu sein, denn sie hält ihr Schwert so, dass die Spitze nach oben zeigt und streckt dem, was sie sieht, die offene Hand freundlich entgegen.

Mit dieser Karte werden Frauen symbolisiert, die sehr gebildet und intelligent sind. Sie gelten als äußerst genau, geradezu schon pedantisch, sind dadurch aber gewiss nicht unbeliebt. Dadurch, dass sie immer gut informiert ist und gleichzeitig für fast jedes Problem eine Lösung weiß, hat sie sich bei vielen Menschen Respekt verschafft. Bei aller Hilfsbereitschaft vergisst sie jedoch nie ihre eigenen Ziele, die sie sehr energisch verfolgt. Allerdings besitzt auch diese Frau Schwächen, denn sie kann sehr sensibel sein und leidet unter Rückschlägen.

Steht die Karte auf dem Kopf, wird aus der zuversichtlichen, wenn auch sensiblen Königin, die vielen Menschen hilft, eine wehleidige Frau, die sich selbst im Weg steht. Wenn man sie überfordert oder auf irgendeine Weise reizt, kann es sein, dass sie sehr ungehalten reagiert und sich so viele Feinde schafft. In einer solchen Situation schreckt sie auch nicht davor zurück, ihre Macht für eher unrühmliche Ziele einzusetzen. Sie tut dies dann ohne Rücksicht auf Verluste. Ihre Intelligenz setzt sie in erster Linie ein, um andere zu übervorteilen. Vor ihr sollte man sich in jedem Fall in Acht nehmen.

Die Königin der Schwerter

3. Der Ritter der Schwerter

In der dritten Karte dieser Serie ist im Gegensatz zu den anderen beiden Karten sehr viel Bewegung. Bewegung der Ritter sitzt auf einem Pferd, das im gestreckten Galopp durch eine nur vage angedeutete Landschaft rennt. Er scheint das Tier noch weiter anzufeuern und schwenkt in der rechten Hand sein Schwert. Die Wolken im Hintergrund sehen ziemlich zerrissen aus, ganz so als wehe ein heftiger Wind. Außer seiner silbernen Rüstung trägt er noch einen roten Umhang und an seinem Helm ist eine rote Feder zu sehen. Rot ist die Farbe des Feuers und der Aktivität, passt in diesem Zusammenhang also gut.

Diese Karte steht für jemanden, der absolut keine Angst hat und sich deshalb ohne Rücksicht in neue Abenteuer stürzt. Er muss zuerst noch einige schlechte Erfahrungen machen, damit er anfängt, sich vorher zu überlegen, was er tut, statt sich kopflos von einem Abenteuer ins Nächste zu stürzen. So lange dies jedoch noch nicht geschehen ist, wird er sich noch oft in unangenehme Situationen manövrieren. Seine Stärke liegt jedoch auch gerade in dem Mut, den er durch seine Unerfahrenheit hat. Er wird nie eine Gelegenheit verpassen, weil er gar nicht in die Gefahr gerät, zu lange zu zögern.

Wenn diese Karte auf dem Kopf steht, so ist die durch sie dargestellte Person auch durch schlechte Erfahrungen nicht zu belehren. Sie ist viel zu halsstarrig, als dass sie zugeben könnte, dass sie einen Fehler gemacht hat. Seine Ungeduld treibt ihn immer weiter in unangenehme Situationen und die Gefahr, dass er sich selbst um Kopf und Kragen bringt, ist sehr groß.

Der Ritter der Schwerter

4. Der Page der Schwerter

Der Page der Schwerter macht den Eindruck, als könne ihm kein Problem der Welt etwas anhaben. Er schwebt gedanklich in höheren Sphären und wenn Probleme auftauchen, ignoriert er sie einfach und wartet darauf, dass sie irgendwann wieder von alleine verschwinden. Für diese Gelassenheit wird er einerseits beneidet, weil er sich ganz gewiss keine schlaflosen Nächte wegen irgendwelcher Lapalien macht. Treten allerdings schwerere Probleme auf, kann dies ins Auge gehen, denn es gibt natürlich auch Probleme, die sich nicht von alleine lösen und die dann, wenn man sie ignoriert, immer größer werden statt immer kleiner. Dann treten seine Schwächen deutlich hervor, denn er ist auch dann, wenn er es selbst für notwendig hält, nicht in der Lage ein Problem zu lösen. Aus diesem Grund ist er alleine in dieser Welt nicht lebensfähig und braucht immer jemanden, der ihm unter die Arme greift, wenn es kritisch wird.

Einer seiner Wesenszüge ist allerdings auch, dass er sehr sensibel ist und so alles mit einer besonderen Aufmerksamkeit verfolgt. So lange er nicht selbst zu handeln braucht, ist alles in Ordnung. Auf seine Art ist er ein Lebenskünstler und wenn er in der Realität auch nicht allzu gut klar kommt, ist er doch sehr beliebt. Steht die Karte auf dem Kopf, so kümmert er sich am liebsten um die Probleme anderer, weil er keine Lust hat, sich um die eigenen Sorgen zu kümmern. Wenn er die Probleme anderer auch kennt, so ist dies für ihn jedoch noch lange kein Grund, jemandem zu helfen, dafür fühlt er sich nicht zuständig. Wenn ihn jemand kritisiert, nimmt er dies sehr übel und kann daraus eine lebenslange Feindschaft machen. Insgesamt wird er von den meisten seiner Bekannten nicht gerade geschätzt und ist so vielen Anfeindungen ausgesetzt. Die Schuld dafür liegt jedoch hauptsächlich bei ihm.

Der Page der Schwerter

5. Schwerter 10

Diese Karte ist eine der brutalsten und deprimierendsten im ganzen Rider-Waite-Set. Der Himmel ist fast schwarz, ganz so als sei es finstere Nacht. Im Vordergrund ist eine Person zu sehen, die auf dem Bauch liegt und von zehn Schwertern durchbohrt ist, die noch immer in dem leblos aussehenden Körper stecken.

Die divinatorische Bedeutung dieser Karte ist nicht ganz so extrem, wie man vielleicht glauben könnte. Es geht hier nicht um einen brutalen Mord. Vielmehr symbolisieren die Schwerter keine äußeren, körperlichen Verletzungen, sondern seelische Wunden. Wenn diese Karte auftaucht, geht es um depressive Stimmungen. Man glaubt, alles um einen herum sei im Begriff sich aufzulösen. Alles, was man sich mühsam erarbeitet hat, geht verloren und man verliert jede Zuversicht. Zudem sieht es so aus, als gäbe es niemanden mehr, der einem zur Seite steht, alle scheinen sich abzuwenden. Allerdings zeigt diese Karte auch, dass die Lage nicht so hoffnungslos ist, wie der Betroffenen auf den ersten Blick vielleicht glaubt, denn am Horizont beginnt der Himmel sich aufzuheitern. Die positive Wendung ist also schon in Sicht, wenn derjenige, der in dieser tristen Stimmung ist, dies vielleicht auch noch nicht merkt.

Wenn die Karte auf dem Kopf steht, fehlt dieser Hoffnungsschimmer entweder völlig oder er verschwindet schneller als er gekommen ist. Oft wird durch diese Karte auch angedeutet, dass ein Mensch, der sich in einer aussichtslosen Lage befindet, sich in Wunschvorstellungen flüchtet, damit er seine schlechte Lage ertragen kann. In jedem Fall ist ein rasches Ende nicht abzusehen und es besteht immer die Gefahr, dass der Mensch an seinen Problemen zerbricht.

Schwerter 10

6. Schwerter 9

Diese Karte ist ebenfalls in sehr dunklen Farben gehalten. Sie zeigt einen Menschen, der offenbar nachts aus dem Schlaf hochschreckt und sich in seinem Bett aufsetzt, weil seine Sorgen ihn nicht mehr schlafen lassen. Vor Verzweiflung vergräbt er sein Gesicht in seinen Händen.

Wenn diese Karte auftaucht, ist von schweren Problemen die Rede. Hoffnungen erfüllen sich nicht, was vorher gut aussieht, kann sich ins Gegenteil kehren. Die Probleme wachsen dem Betroffenen immer weiter über den Kopf und er weiß kaum wie er weitermachen soll. Wenn die Karte richtig herum liegt, ist die Wahrscheinlichkeit allerdings sehr groß, dass der Mensch aus einer solchen Krise gestärkt hervorgeht und in Zukunft gelernt hat, besser mit solchen Krisen umzugehen.

Steht die Karte auf dem Kopf, fehlt dieser positive Aspekt völlig. Hier werden die Probleme immer schlimmer und immer drückender. Dazu kommt, dass es im Hintergrund noch Menschen gibt, die das Unglück anderer noch weiter vergrößern wollen, weil sie sich davon Vorteile versprechen. Die Falschheit dieser Leute bewirkt manchmal, dass derjenige, der unter diesen großen Problemen leidet, fast wahnsinnig wird und sich alleine nicht mehr zu helfen weiß.

7. Schwerter 8

Hier sind die Farben wieder etwas heller, aber das Bild ist auch nicht gerade ermunternd. Acht Schwerter sind in den Boden gesteckt worden. Zwischen ihnen ist eine junge Frau zu sehen. Sie hat eine Binde vor den Augen und ist gefesselt. Mit den Füßen steht sie in kleinen Wasserpfützen.

Schwerter 9

Schwerter 8

Die Person scheint kein Selbstbewusstsein zu haben und hat den Kopf gesenkt, ihre Lage scheint ausweglos.

Ein Mensch, bei dem diese Karte auftaucht, ist nicht frei, sondern er wird durch viele Dinge in seiner Freiheit eingeschränkt. Er kann sein Leben nicht mehr selbst in die Hand nehmen, sondern muss sich ständig von anderen Leuten Vorschriften machen lassen. Somit ist sie eine Aufforderung, sich von derartigen Fesseln zu befreien und wieder selbst die Kontrolle über sein Leben zu erlangen. Dies ist selbstverständlich nur durch größte Anstrengungen zu erreichen, aber diese Karte soll Mut machen, diese Anstrengung auf sich zu nehmen.

Wenn die Karte auf den Kopf steht, hat der Mensch diesen Schritt zur Befreiung schon getan und ist so gut wie ganz befreit. Er nimmt sein Leben wieder selbst in die Hand und erkennt jetzt, wo seine Augen nicht mehr verbunden sind, die Möglichkeiten, die sich ihm auftun. Durch diese Erkenntnis ist der Mensch jetzt auch wieder in der Lage, die Möglichkeiten, die sich ihm stellen, zu erkennen und auch für sich nutzbar zu machen. Er verschwendet seine Kraft nun nicht mehr auf kräfteraubende Grübeleien, die ihn doch nur wieder einschränken würden.

8. Schwerter 7

Diese Karte zeigt einen eigentümlich gekleideten Mann, der gerade dabei ist, mit fünf Schwertern auf dem Arm davonzulaufen. Er blickt zurück auf mehrere Zelte, die hinter den zwei Schwertern zu sehen sind, die er zurückgelassen hat. Es hat den Anschein, als habe er die Schwerter in der Hand gestohlen und wolle sich jetzt nur noch einmal versichern, dass ihn niemand bei dem Diebstahl beobachtet hat und ihm

Schwerter 7

jetzt folgt. Dadurch sieht er zwar, was hinter ihm vor sich geht, was vor ihm auf ihn wartet, kann er allerdings nicht sehen. Dies ist nicht ganz ungefährlich, denn wenn er etwas, was vor ihm liegt, übersieht, auch wenn es nur ein Stein ist, der ihm im Weg liegt, kann es sein, dass er stolpert und sein Plan deshalb vereitelt wird. Die Schwerter, die er eigentlich fortschaffen wollte, damit sie ihm nichts mehr anhaben können, könnten ihn dann im letzten Moment noch verletzen.

Diese Karte ist somit eine Mahnung, bei der Lösung eines Problems nicht nur die Vergangenheit zu beachten, sondern auch die Zukunft mit in Betracht zu ziehen, damit der Plan, den man sich sorgfältig zurecht gelegt hat, nicht noch in letzter Minute vereitelt wird. Sie macht allerdings auch Mut, schwere Probleme anzupacken, denn der Mann auf der Karte beweist, dass man auch als Einzelner gegen viele Gegner (wie auf der Karte durch das ganze Lager angedeutet) siegen kann, wenn man es nur richtig anpackt. Er hat offensichtlich die Gruppe von Menschen, denen die Schwerter eigentlich gehören als Einzelkämpfer besiegt. An Mut fehlt es ihm also nicht, jetzt muss nur noch der Blick in die Zukunft gemacht werden, um die Folgen dieser Handlung auch abschätzen zu können.

Steht die Karte auf dem Kopf, ist nicht mehr der Einzelkämpfer angesprochen, sondern eine ganze Gruppe von Menschen, die ein Problem lösen wollen. Es kann allerdings auch sein, dass derjenige, der alleine eine Unternehmung plant, sich vorher mit Bekannten bespricht, weil er denkt, dass andere Leute ihm noch einige wichtige Anregungen geben können.

9. Schwerter 6

Diese Karte zeigt einen Mann, der zwei Personen, wahrscheinlich eine Frau und ein Kind, mit einem kleinen Schiff, vielleicht mit einer Fähre, über einen Fluss bringt. Außer den drei Personen sind noch sechs Schwerter an Bord. Sie scheinen in den Rumpf des Schiffes gesteckt worden zu sein, denn sie stehen aufrecht, mit den Griffen nach oben im Schiff. Auch wenn sie sehr massiv aussehen, scheinen sie doch nicht so schwer zu sein, dass sie das Schiff aus dem Gleichgewicht bringen könnten.

Keine der Personen auf der Karte schaut zurück, sie scheinen aber auch kein Bedürfnis danach zu haben, sich noch einmal umzudrehen. Aus diesem Grund steht die Karte dafür, dass man etwas hinter sich zurück lässt. So kann es beispielsweise sein, dass Sorgen, die einen schon lange gequält haben, endlich der Vergangenheit angehören. Vielleicht handelt es sich auch um eine Flucht vor solchen Problemen, oder vor negativen Ereignissen jeder Art. Manche Leute sehen in dieser Karte ganz schlicht und einfach auch eine Reise. Der Anlass für diese Reise scheint allerdings kein allzu fröhlicher zu sein, denn die Passagiere der Fähre machen einen eher in sich gekehrten, niedergeschlagenen Eindruck.

Wenn die Karte auf dem Kopf steht, hat es keinen Sinn, vor den Schwierigkeiten davon zu laufen. Man wird in jedem Fall von ihnen eingeholt werden, egal wie breit der Fluss ist, den man überquert. Man muss sich also den Problemen stellen, wenn man sie loswerden will, sonst wird man ewig unter ihnen zu leiden haben.

Schwerter 6

10. Schwerter 5

Diese Karte zeigt die Szene nach dem Kampf zwischen drei Männern. Einer von ihnen hat die beiden anderen besiegt. Der Sieger ist ganz vorne auf der Karte groß abgebildet. Er hält drei Schwerter in der Hand und schaut mit einem triumphierenden Blick auf die beiden Besiegten zurück. Diese haben sich abgewendet und versuchen, mit ihrer Niederlage fertig zu werden. Einer der beiden tut dies, indem er regungslos in die Ferne schaut. Der andere vergräbt sein Gesicht in seinen Händen und beugt sich vorne über. Beide sind von ihrer Niederlage schwer getroffen. Auch das Wetter ist nicht freundlich: Die Wolken sehen so aus wie bei dem Ritter der Schwerter. Ein Sturm ist also offenbar voll im Gange. Diese Karte bedeutet, dass man sich darauf gefasst machen muss, auf einen Widersacher zu treffen. Wenn man sich mit ihm anlegt, wird man den Kampf aller Wahrscheinlichkeit nach verlieren und an dieser Niederlage noch lange zu kauen haben. Die Sache wird noch dadurch verschlimmert, dass man durch seine Niederlage zum Gespött seiner Umgebung wird. Jetzt, wo es zu spät ist, weiß natürlich jeder, dass der Kampf von Anfang an aussichtslos war. Vorher haben sich alle vornehm zurückgehalten. Die Niederlage lässt sich jetzt jedoch nicht mehr rückgängig machen, man muss sie wohl oder übel akzeptieren.

Wenn diese Karte auf dem Kopf steht, handelt es sich nicht um einen fairen Kampf. Der Gegner hat den Sieg aller Wahrscheinlichkeit nach mit unsauberen Mitteln errungen und man kann es ihm nicht nachweisen. Selbst dann, wenn der Kampf fair verlaufen ist, dauert es sehr lange, bis man die Niederlage überwunden hat. Man will sich die eigene Schwäche einfach nicht eingestehen. Aus diesem Grund kann man die Niederlage natürlich auch nicht akzeptieren und kann nichts daraus lernen.

Schwerter 5

11. Schwerter 4

Diese Karte zeigt den Sarkophag eines Ritters. Die Figur auf dem Sarkophag, die den Ritter zeigt, liegt entspannt auf dem Rücken und hat die Hände gefaltet. In der Ecke oben links ist ein Kirchenfenster zu sehen, auf dem Jesus und ein Sünder oder Bettler zu sehen sind. Direkt über dem Kopf und dem Oberkörper hängen drei Schwerter, die mit den Spitzen auf die Figur zeigen. Das vierte Schwert ist Teil des Sarkophags und liegt parallel zu der Figur.

Die Ruhe und der Frieden auf dieser Karte beeinflussen auch ihre divinatorische Bedeutung. So kommen hier langwierige Streitereien zu einem guten Ende. Man kann sich jetzt wieder auf die wesentlichen Dinge des Lebens konzentrieren und Kraft für neue Unternehmungen schöpfen. Wenn der Fragesteller eine anstrengende, stressige Zeit hinter sich hat, so bietet sich ihm jetzt die Möglichkeit, sich an einen stillen Ort zurückzuziehen und dort seine Gedanken zu ordnen.

Wenn die Karte auf dem Kopf steht, so zieht der Fragesteller sich nicht freiwillig zurück, sondern tut dies nur, weil ihm nichts anderes übrig bleibt. So kann diese Bedeutung der Karte auch beinhalten, dass man ein Amt aufgeben muss, das man gerne noch behalten hätte. Stattdessen ist man von anderen zum Rücktritt gezwungen worden. Dadurch, dass dieser Rückzug nicht freiwillig erfolgt ist, kann man ihn auch nicht genießen und wird ihn auch nicht dazu nutzen können, neue Kraft zu schöpfen.

Schwerter 4

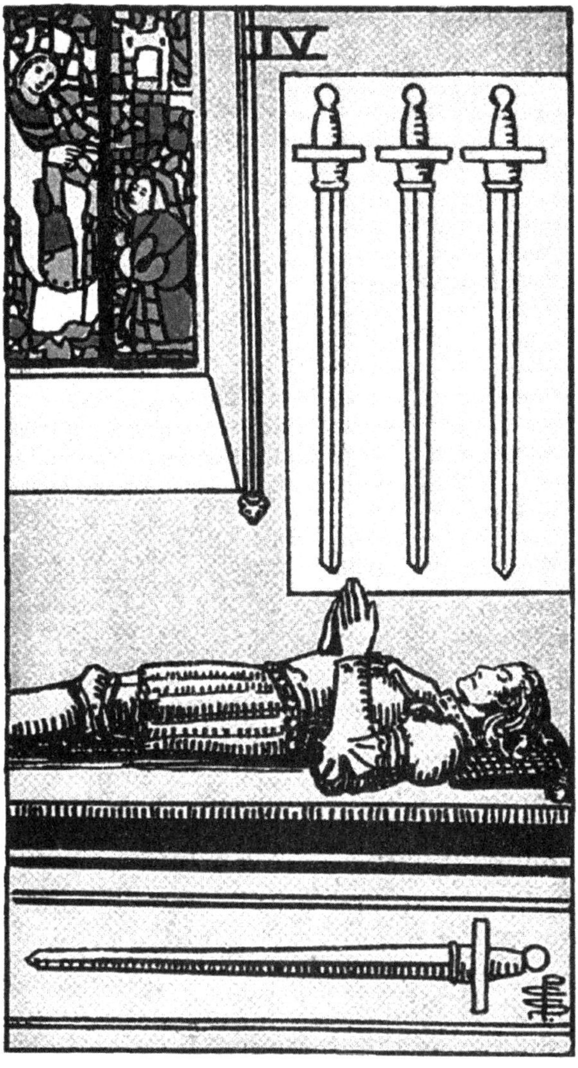

12. Schwerter 3

Auf dieser Karte ist ein großes rotes Herz zu sehen, das von drei Schwertern durchbohrt worden ist. Im Hintergrund sind dicke Wolken zu sehen, aus denen es heftig regnet.

Die Sprache, die diese Karte spricht, ist sehr deutlich: Das von den Schwertern durchbohrte Herz steht für seelisches Leid, das offensichtlich nicht gemildert werden kann. Die Stimmung kann genauso wenig aufgehellt werden wie das schlechte Wetter. Alles scheint trist und grau zu sein. In erster Linie denkt man bei einem solchen Bild natürlich an das Ende einer Liebesbeziehung oder Kummer über eine unerwiderte Liebe. Die Karte kann jedoch auch für deprimierende Erfahrungen in so ziemlich allen anderen Lebensbereichen stehen. Es muss dabei nicht immer so sein, dass alles verloren ist, aber man wird sich eine Zeit lang mit der Situation auseinander setzen müssen, bis die Schwierigkeiten zu Ende sind. Irgendwann wird aber auch der auf dieser Karte dargestellte Regen aufhören und man wird wieder zuversichtlicher in die Zukunft blicken.

Wenn die Karte auf dem Kopf steht, ist ein gutes Ende sehr unwahrscheinlich. Aller Voraussicht nach muss man sich mit unangenehmen Tatsachen abfinden, weil das, was zerstört worden ist unwiederbringlich verloren gegangen ist. Manchmal liegt dies allerdings nicht nur an den äußeren Umständen, sondern auch daran, dass man schmerzliche Dinge einfach nicht akzeptieren will und sich so bei der Verarbeitung dieser schlechten Erfahrungen selbst blockiert.

Schwerter 3

13. Schwerter 2

Auf dieser Karte ist eine Frau mit verbundenen Augen zu sehen, die zwei gekreuzte Schwerter vor sich hält. Ihre Augen sind verbunden. Sie sitzt ganz ruhig und gelassen auf einem Steinsockel, der sich am Meeresufer befindet.

Die ruhige, ausgeglichen wirkende Haltung der Frau steht im krassen Gegensatz zu der divinatorischen Bedeutung dieser Karte. Es handelt sich nämlich hierbei um einen Menschen, der nicht in der Lage ist, seine Probleme anzugehen und der deshalb die Augen schließt, bzw. sie sich verbindet, weil er sich einbildet, dass das, was er nicht sieht, auch nicht existiert. Die Schwerter sind zur Abwehr jeglicher Annäherungsversuche anderer Menschen vor dem Oberkörper der Frau verschränkt. Jeder, der sich ihr nähert, muss damit rechnen, verletzt zu werden. Dies ist ganz unabhängig davon, ob er sich der Person mit guten oder mit schlechten Absichten nähert. Auch gegen ehrlich gemeinte Hilfsangebote wird sie sich zur Wehr setzen, denn diese würden sie dazu zwingen, über ihre Situation nachzudenken.

Steht die Karte auf dem Kopf, wird die Frau sich vielleicht irgendwann dazu entschließen, der Wahrheit wieder ins Gesicht zu sehen. Sie wird dann aber aller Wahrscheinlichkeit nach nicht mehr in der Lage sein, ihre Probleme alleine zu bewältigen und wird deshalb auf Hilfe angewiesen sein. Ob sie diese Hilfe dann auch annimmt, ist natürlich eine andere Frage, denn es kann durchaus sein, dass sie noch immer nicht will, dass sich jemand anderes in ihre Angelegenheiten mischt. Es kann daher gut sein, dass sie alleine um dies zu verhindern, einen unnötigen Streit vom Zaun bricht und Unfrieden stiftet, nur im ihre Ruhe zu haben.

Schwerter 2

Manchmal steht die umgedrehte Schwerter zwei Karte auch für jemanden, der Spaß daran hat, Streitigkeiten zu provozieren und der sich dann, wenn andere sich im übertragenen Sinn die Köpfe einschlagen, so richtig ins Fäustchen lacht.

14. Ass der Schwerter

Auch bei diesem Ass kommt gewissermaßen wieder eine Hand aus dem Nichts. Ab dem Handgelenk verschwindet der Arm, der wahrscheinlich zu dieser Hand gehört, in einer Wolke. Diese Hand hält ein Schwert, dessen Spitze nach oben zeigt. Auf der Höhe der Spitze des Schwertes befindet sich eine Krone. Sie scheint von dem Schwert aufgespießt zu werden. Von dieser Krone hängen Grünpflanzen herab.

Die Bedeutung dieser Karte ist sehr positiv. Sie verspricht große Erfolge, die mit sehr viel Weisheit erlangt werden. Mit Hilfe dieser Erfolge kann der Fragesteller sich dann schließlich auch großen Respekt bei Menschen verschaffen, deren Hochachtung ihm sehr wichtig ist. Die Ideen dieses erfolgreichen Menschen sind immer von großem Nutzen für alle Beteiligten. Illusionen sind nicht die Sache dieses Menschen, denn er ist davon überzeugt, dass der gesunde Menschenverstand die Welt regiert.

Wenn die Karte auf dem Kopf steht, dann steht der gesunde Menschenverstand eher im Hintergrund, denn jetzt sind es die Gefühle, die den Menschen beherrschen. Dies hat nicht immer positive Folgen, weil Entscheidungen oft sehr impulsiv gefällt werden. Die Folge davon ist oft, dass eigentlich nützliche Dinge gering geschätzt oder vielleicht sogar zerstört werden. Wer impulsiv handelt, handelt oft auch ungerecht und eigennützig und macht sich dadurch nicht gerade beliebt.

Ass der Schwerter

Die Serie der Münzen

1. Der König der Münzen

Im Gegensatz zu den meisten anderen Karten der kleinen Arkana wirkt diese Karte ziemlich überladen, weil auf ihr so viele Kleinigkeiten zu sehen sind. Der Thron des Königs der Münzen steht offenbar an der Mauer seines Schlosses oder seiner Burg. Wenn er den Thron umdrehen würde, hätte er wahrscheinlich eine sehr weite Aussicht über sein Reich. Der König trägt eine mit roten Blumen geschmückte, goldene Krone und ein mit vielen Trauben verziertes, dunkles Gewand. In einer Hand hält er eine Art Zepter, an dessen Spitze eine goldene Kugel zu sehen ist. In der anderen Hand hält er eine Münze. Auch um den schwarzen, mit Tierköpfen verzierten Thron herum sind viele Pflanzen, insbesondere Trauben zu sehen.

Bei diesem Menschen handelt es sich um jemanden, der sehr viel über Gott und die Welt nachdenkt. Auf diese Weise hat er sich ein großes Wissen erworben und wird deshalb von seinen Mitmenschen geachtet. Niemand missgönnt ihm seinen aus eigener Kraft erworbenen Reichtum und in schwierigen Situationen fragt man ihn gerne um Rat. Man weiß, dass man ihn auch bei heiklen Angelegenheiten ins Vertrauen ziehen kann, denn er enttäuscht das Vertrauen seiner Bekannten nie. Er ist ein zuverlässiger Freund und auch in der Beziehung zu seiner Frau, der Königin der Münzen, hat er sich immer korrekt verhalten.

Wenn diese Karte auf dem Kopf steht, hat man einen recht unflexiblen, halsstarrigen Menschen vor sich, der keine andere Meinung gelten lässt. Aus diesem Grund ist er kaum als Ratgeber geeignet, weil er geistig in einer anderen Zeit lebt. Es scheint so, als habe er nicht mitbekommen, dass das Leben

Der König der Münzen

sich im Lauf der Zeit immer weiter entwickelt. Da er also nicht in der Lage ist, die Zeichen der Zeit zu erkennen, ist er auch nicht erfolgreich, sondern erleidet einen Fehlschlag nach dem anderen. Statt seine eigenen Fehler zu erkennen, hadert er mit dem Schicksal und wird immer unzufriedener. Aus diesem Grund sind ihm auch illegale Methoden recht, wenn er glaubt, dadurch einen kleinen Erfolg erringen zu können.

2. Die Königin der Münzen

Auch auf dieser Karte sind sehr viele Blumen zu sehen, zumal die Königin der Münzen auf eine Thron sitzt, der mitten in der freien Natur steht. Der Thron ist aus grauen Steinen, sieht aber keinesfalls langweilig oder ungemütlich aus, weil er reichhaltig verziert ist. Wie bei der Krone des Königs der Münzen ist auch die Krone der Königin mit einer roten Blume verziert. Von der Krone geht eine Art Schleier in grüner Farbe aus, das Gewand der Königin ist rot. Mit beiden Händen hält sie eine große Münze, die sie sich genau anschaut. In der rechten unteren Ecke ist ein Hase zu sehen, der gerade dabei ist, davon zu laufen. Er wird von vielen Deutern als Symbol für große Zufriedenheit im Leben angesehen.

Man hat es hier mit einer sehr empfindsamen Frau zu tun, die ihr angenehmes Leben als Königin genießt. Ihr liegt es absolut nicht, mit ihrem Reichtum zu prahlen, aber sie liebt es, die Annehmlichkeiten, die er ihr ermöglicht, auszukosten. Man kann aber auch nicht behaupten, dass sie ihren Reichtum nur dazu verwendet, sich ein schönes Leben zu machen, denn sie ist großzügig genug, auch andere an ihrem Reichtum teilhaben zu lassen. Wenn jemand in finanzieller Not ist, ist sie immer gerne bereit, zu helfen, so lange sie sieht, dass das Geld für einen vernünftigen Zweck verwendet wird.

Die Königin der Münzen

Steht die Karte auf dem Kopf, haben wir es mit jemandem zu tun, der seinen Reichtum nur dann genießen kann, wenn er damit prahlt. Sie liebt es, das Geld mit vollen Händen auszugeben, auch wenn sie noch so sinnlose Dinge dafür kauft, von denen sie überhaupt nichts hat. Sie sieht immer nur sich selbst und versucht, ihr Leben so angenehm wie möglich einzurichten, am besten noch auf Kosten anderer. Das macht ihr dann erst richtig Spaß. Wenn es allerdings darum geht, anderen Menschen zu helfen, entdeckt sie ihre Sparsamkeit wieder und verhält sich furchtbar geizig.

3. Der Ritter der Münzen

Der Ritter der Münzen ist gerade auf seinem Pferd unterwegs. Momentan macht er jedoch eine kurze Pause und betrachtet sich eingehend die Münze, die er in der Hand hält. Er scheint nicht in Eile zu sein und strahlt große Ruhe aus.

Er steht für einen Menschen, den so schnell nichts aus der Ruhe bringen kann. Er ist ein ehrlicher, hilfsbereiter Mensch, der auch dann noch die Nerven und den Überblick behält, wenn andere schon längst am Verzweifeln sind. Er hat immer ein offenes Ohr für die Sorgen anderer und beteiligt sich mit großem Interesse an allem, was man ihm vorschlägt.

Steht die Karte auf dem Kopf, ist ein Mensch gemeint, der kein Interesse daran hat, sich mit den Problemen anderer abzugeben. Er verschanzt sich immer hinter seinen eigenen Problemen, mit denen er angeblich genug zu tun hat. Er kann sich auch nur schwer dazu aufraffen, etwas Nützliches zu tun und verfällt dann, wenn es etwas zu tun gibt, regelmäßig in eine ausgedehnte Lethargie. So lange es sich nicht um seine eigenen Angelegenheiten handelt, verhält er sich auch nicht gerade sorgfältig, so kann es schon einmal vor-

Ritter der Münzen

kommen, dass er mit Dingen, die für andere Menschen sehr wichtig sind, gedankenlos umgeht und beispielsweise wichtige Unterlagen verschlampt.

4. Der Page der Münzen

Inmitten einer schönen, grünen Landschaft steht ein ausgeglichen wirkender junger Mann. Er hat seine Hände erhoben und scheint gerade dabei zu sein, eine Münze aufzufangen, die über seinen erhobenen Händen schwebt. Er macht einen verträumten, weltabgewandten Eindruck.

Mit dieser Karte wird meist auf jemanden hingewiesen, der nicht zu praktischer Arbeit fähig ist. Dies heißt allerdings nicht, dass er faul ist, sondern dass seine Stärken in der gedanklichen Arbeit liegen. Er kann auch die kompliziertesten Überlegungen anstellen und kommt oft zu verblüffenden Lösungen. Nur die praktische Ausführung seiner Überlegungen übernehmen dann besser andere. Er ist für alle Neuigkeiten offen und mit seiner schnellen Auffassungsgabe übertrifft er alle. Dadurch, dass er durch seine intensive Gedankenarbeit zu immer neuen Schlüssen kommt, ist er bekannt als jemand, der immer viele Neuigkeiten zu erzählen hat. Die Nachrichten, die er übermittelt, sind meistens positiv und interessant. Bei seiner Umwelt ist er sehr beliebt und geschätzt, weil er trotz seiner ausgedehnten Überlegungen nie den Kontakt zur Realität verliert.

Wenn diese Karte auf dem Kopf steht, kann der Betreffende seine Intelligenz nicht sinnvoll einsetzen. Statt sich vernünftigen Überlegungen zuzuwenden, verliert er sich in sinnlosen Schwärmereien und ziellosen Überlegungen, die zu nichts führen. Er hat viele Ideen, aber sie führen allesamt zu nichts. Aus diesem Grund wird er auch nicht besonders hoch

Page der Münzen

geachtet und ist als Tagträumer und Traumtänzer in Verruf geraten. Sein Arbeitseifer hält sich sehr in Grenzen und er lässt sich lieber von anderen durchfüttern, als sich seinen Lebensunterhalt selbst zu verdienen.

5. Münzen 10

Diese Karte steht immer in Zusammenhang mit einem bedeutenden Vermögenszuwachs. Dabei kann es sein, dass diesem ein trauriger Anlass vorausgeht wie zum Beispiel bei einer Erbschaft oder aber der verdiente Lohn anstrengender Arbeit. Der Gewinn ist dann so groß, dass man sich um seine weiteren Einkünfte keine Sorgen zu machen braucht, vorausgesetzt natürlich, dass man klug mit dem Geld umgeht. Wer alles verschleudert, wird schon bald mindestens genauso schlecht dastehen wie vorher.

Manchmal handelt es sich hierbei jedoch nicht um einen materiellen Zugewinn, sondern um eine Verbesserung des Verhältnisses zu den Mitmenschen. So kehrt in der Familie oder im Bekanntenkreis nach langen Streitereien endlich wieder Ruhe ein und man geht harmonisch damit um.

Wenn diese Karte auf dem Kopf steht, ist der erhoffte Gewinn nicht so groß wie man gedacht hat. Vielleicht kann man ein Erbe aber auch erst nach vielen aufreibenden Streitereien antreten. Andererseits kann es aber auch sein, dass man nichts gewinnt, sondern im Gegenteil, dass man noch verliert. So kann es sein, dass Geschäfte nicht mehr so gut laufen, oder dass man viel Geld investieren muss, das man gerne anders angelegt hätte. Im schlimmsten Fall stehen ein Konkurs, Arbeitslosigkeit oder ein Einbruch ins Haus. In den meisten Fällen kann der Betroffene im Vorfeld nichts unternehmen, um das Unglück abzuwenden. Das, was man vorher noch als

Münzen 10

selbstverständlich angesehen hat, rückt in weite Ferne. Man wird hart arbeiten müssen, um wieder den alten Lebensstandard erreichen zu können. Am Schlimmsten ist es, wenn die finanziellen Verluste nicht durch unglückliche Umstände verursacht worden sind, sondern durch Leichtsinn oder zu große Risikobereitschaft. Dann muss derjenige, der sie zu verantworten hat, nämlich auch noch die Kritik seiner Umwelt über sich ergehen lassen.

Auf zwischenmenschlicher Ebene kann es zu schwer wiegenden Verstimmungen kommen, die sich erst nach vielen Anstrengungen wieder beseitigen lassen. Über die Gründe hierfür gibt die Karte keine genaue Auskunft, es kann sich dabei um alle möglichen Gründe handeln.

6. Münzen 9

Auf dieser Karte ist eine Frau zu sehen, die ihr Leben zu genießen scheint. Sie steht gelassen in einem Garten voller Trauben oder einem Weinberg und auf einer ihrer Hände sitzt ein Vogel. Sie hält eine ihrer Hände schützend über die Münzen, die neben und hinter ihr aufgetürmt sind.

Hierbei handelt es sich um jemanden, der einen gewissen Wohlstand hat und auch darum bemüht ist, diesen zu wahren. Dies sieht man schon daran, dass die Frau auf der Karte die rechte Hand über ihre Münzen hält, damit keine davon verloren geht oder verschwendet wird. Sie weiß den Wert ihres Vermögens also zu schätzen und gerät so nicht in die Gefahr, einer sinnlosen Verschwendungssucht zu erliegen. Da sie große Klugheit bei der Verwaltung ihres Vermögens beweist, ist sie auch anerkannt und man fragt sie gerne um Rat. Da bei ihr nicht die Gefahr besteht, dass sie ihr Vermögen verjubelt, steht sie auch für eine gewisse Stabilität,

Münzen 9

in materieller wie in menschlicher Hinsicht. Diese Stabilität geht einher mit großer Verlässlichkeit und Berechenbarkeit, wofür sie allerseits geschätzt wird. Da sie sich immer als besonnen erweist, legt man großen Wert auf ihr Urteil und verlässt sich auf ihr Gespür für die verschiedensten Situationen.

Auch wenn die Karte umgedreht ist, steht diese Karte für Reichtum, aber in diesem Fall ist der Reichtum nicht durch geschicktes Taktieren und Besonnenheit zu Stande gekommen, sondern durch den Einsatz illegaler Mittel. Um diesen Reichtum anzuhäufen sind viele ahnungslose, ehrliche Menschen übervorteilt und in den Ruin getrieben worden. Da man selbst der Nächste sein kann, der übers Ohr gehauen wird, sollte man sich vor dieser Person in Acht nehmen. Man muss schon selbst ein gewisses Maß an Verschlagenheit besitzen, um ihr gewachsen zu sein.

7. Münzen 8

Im Vordergrund dieser Karte ist ein junger Handwerker zu sehen, der in eine Münze gerade das für alle Münzen des Tarot charakteristische Pentagramm einmeißelt. Er konzentriert sich voll und ganz auf seine Arbeit und scheint damit zufrieden zu sein. Andere Münzen, mit denen er schon fertig sind, hängen an der Wand, eine liegt neben ihm auf dem Boden.

Diese Karte steht für einen Menschen, der in seiner Arbeit aufgeht und sie so nie als solche empfindet, sondern viel eher als eine angenehme Beschäftigung, mit der sich zudem noch Geld verdienen lässt. Der Aspekt des Geldverdienens steht hier allerdings nicht im Vordergrund, er ist lediglich eine angenehme Begleiterscheinung. Viel wichtiger ist das Erfolgserlebnis, etwas Besonderes geschaffen zu haben. Aus diesem Grund sind hiermit meistens Künstler gemeint, die

Münzen 8

ihre Träume und Vorstellungen in ihrer Arbeit verwirklichen können. Im übertragenen Sinn steht die Karte deshalb auch für begabte Menschen, die mit sehr viel Energie an die Arbeit gehen.

Die umgedrehte Karte steht für Erfolgserlebnisse, die jedoch innerhalb kürzester Zeit wieder verpuffen. Oft werden die besonderen Fähigkeiten eines Menschen auch nicht für die richtigen Zwecke eingesetzt, was diesen dann auf Dauer frustriert. Genauso kann diese Karte von ausbleibenden Erfolgen trotz eines großen Arbeitseinsatzes sprechen. Es kann aber auch sein, dass jemand, der sich für sehr begabt gehalten hat, die bittere Erkenntnis machen muss, dass er sich dies nur vorgemacht hat und kaum an den Durchschnitt heranreicht.

8. Münzen 7

Diese Karte ist gewissermaßen die Fortsetzung der Münzen 8. Nachdem der Handwerker sich angestrengt und seine Arbeit erledigt hat, wird er dafür entlohnt. Da er sparsam ist, gelingt es ihm im Lauf der Zeit, sich ein kleines Vermögen regelrecht anzuhäufen. Die meisten Leute können ihr sauer verdientes Geld nur dann genießen, wenn sie sich verschiedene Wünsche damit erfüllen. Der Mann auf dieser Karte ist dagegen dann glücklich und zufrieden, wenn er sich möglichst viel von seinem Lohn sparen kann. Aus diesem Grund steht er auch friedlich daneben und schaut sich das von ihm im Lauf der Zeit angehäufte Geld zufrieden an.

Folgerichtig steht diese Karte für Sparsamkeit. Diese Sparsamkeit wird, wenn die Karte richtig herum liegt, jedoch nie in Geiz umschlagen. Der Fragesteller ist zwar froh, wenn er sich etwas Geld ansparen kann, aber wenn es notwendig ist,

Münzen 7

gibt er auch etwas davon aus. Dies tut er dann nicht nur, wenn es um persönliche Ausgaben geht, sondern auch dann, wenn er anderen in einer Notlage aushelfen kann.

Steht die Karte auf dem Kopf, bedeutet sie schon fast krankhaften Geiz. Es wird eine Person dargestellt, die zwar viel Geld besitzt und deren Einkommen möglicherweise auch ständig wächst, die aber keinen Pfennig davon ausgibt - weder für sich selbst noch für andere. Dies hat zur Folge, dass sie auch nie mit dem zufrieden ist, was sie hat, sondern immer geldgieriger wird und darauf aus ist, nur noch mehr zu verdienen.

9. Münzen 6

Diese Karte zeigt einen offenbar sehr wohlhabenden Mann, der Bettlern, die vor ihm auf dem Boden knien, Geld gibt. Während er das Geld mit der rechten Hand verteilt, hält er in der linken Hand eine Waage, das Symbol für Gerechtigkeit. Die beiden Schalen der Waage befinden sich auf gleicher Höhe, der Mann scheint also durchaus gerecht zu handeln.

Auch hier ist wieder von einem Menschen die Rede, der gerne bereit ist, andere an seinem Reichtum teilhaben zu lassen. Obwohl er selbst keine materiellen Sorgen hat, denkt er immer noch an diejenigen, denen es schlechter geht als ihm selbst. Dabei achtet er zudem darauf, dass er keinen bevorzugt, sondern er gibt jedem gleich viel, wie die ausgeglichene Waage in seiner Hand zeigt.

Steht die Karte auf dem Kopf, kann damit wieder ein Mensch gemeint sein, der nicht bereit ist, anderen etwas von seinem Reichtum abzugeben. Es kann aber auch so sein, dass er nur denjenigen etwas gibt, die in seinem Sinne handeln.

Münzen 6

Sein Geld ist damit eine Art Druckmittel: Wer sich so verhält, wie er es sich vorstellt, wird dafür belohnt, wer nicht nach seiner Pfeife tanzt, geht leer aus, ganz gleich wie schlecht es ihm geht. Geld ist hier gleichbedeutend mit Macht und derjenige, der es besitzt, genießt es, diese Macht auszunutzen.

10. Münzen 5

Diese Karte zeigt großes Elend: Zwei Menschen mit zerrissenen, dünnen Kleidern quälen sich nachts durch den Schnee. Der Mann ist krank und muss deshalb an Krücken gehen. Im Hintergrund ist das Fenster einer Kirche zu sehen. Die Verzierung des Fensters besteht hauptsächlich aus den fünf Münzen, die der Karte den Namen geben.

Dementsprechend ist auch die divinatorische Bedeutung der Karte: Diese Karte steht für eine extrem angespannte finanzielle Situation. Man weiß kaum noch, wie man seine Rechnungen bezahlen soll, auch kleine Annehmlichkeiten kann man sich nicht mehr leisten. Die Lage scheint vollkommen ausweglos. Wenn die Karte aufrecht liegt, kann man jedoch hoffen, dass jemand einem helfend unter die Arme greift. Allerdings darf man nicht die Hände in den Schoß legen und darauf hoffen, dass dies geschieht, sondern muss auf andere zugehen und diese um Hilfe bitten, auch wenn es noch so schwer fällt.

Steht die Karte auf dem Kopf, sind die Chancen Hilfe zu erhalten weitaus geringer. Die Ursache hierfür ist nicht nur, dass man nicht so recht weiß, an wen man sich wenden könnte, sondern auch, dass man zu stolz ist, jemanden um Hilfe zu bitten. Je länger man braucht, um diesen falschen Stolz zu überwinden, desto schlimmer und hoffnungsloser wird die Lage.

Münzen 5

11. Münzen 4

Auf dieser Karte ist ein Mann zu sehen, der gut auf sein Geld aufpasst: Eine Münze trägt er zusammen mit seiner Krone auf dem Kopf, die Zweite hält er mit beiden Händen fest und drückt sie an seinen Oberkörper und die Übrigen beiden hat er unter seinen Füßen.

Mit dieser Karte ist jemand gemeint, der sich sein Vermögen hart erarbeitet hat und nun darum bemüht ist, sein Geld zusammenzuhalten. Er hat Angst, dass er etwas davon verlieren könnte, entweder durch Unachtsamkeit oder durch geschäftliche Verluste. Diese Gewissenhaftigkeit zahlt sich in jedem Fall aus, denn er wird sein Vermögen langsam aber stetig steigern und wird immer ein finanzielles Polster für schlechte Zeiten haben, sodass er sich nie davor zu fürchten braucht, über Nacht mit leeren Händen dazustehen.

Steht die Karte auf dem Kopf, wird diese Gewissenhaftigkeit zu einer fixen Idee ausarten. Der Mensch, der Angst um sein Vermögen hat, wird nachts wahrscheinlich kaum noch schlafen können, weil er glaubt, er könnte etwas verlieren. Jedem Menschen, der versucht, sich ihm zu nähern, wird er unterstellen, er wolle sich nur auf seine Kosten bereichern und habe es nur auf sein Geld abgesehen. Dies wird ihn zunehmend in Schwierigkeiten mit anderen Menschen bringen.

12. Münzen 3

Auf dieser Karte geht es wieder weniger um Vermögen als um den Weg, dazu zu gelangen, um die Arbeit, die dem Erwerb von Vermögen vorausgeht. Ein Bildhauer ist im Gespräch mit einem Kirchenmann und einem anderen Mann, der ein Architekt sein könnte.

Münzen 4

Zumindest hält er einen Plan in der Hand, der dem Bildhauer als Anleitung dienen könnte.

Diese Karte rät dem Fragesteller beruflich nicht zum Einzelkämpfer zu werden, sondern sich mit anderen zusammenzutun und sich mit ihnen zu beraten. Wenn er diesen Rat befolgt, wird er schon bald merken, dass er mehr Erfolg im Beruf hat. Dieser Erfolg wird nicht nur auf materieller Ebene eintreten, denn das Ansehen des Fragestellers wird auch gesteigert werden.

Steht diese Karte auf dem Kopf, warnt sie vor unehrlichen Geschäftspartnern, die den Fragesteller nur aushorchen und dann übers Ohr hauen wollen. Man sollte nicht jedem direkt vertrauen, sondern vorsichtig sein, was man seinen Kollegen erzählt.

13. Münzen 2

Auf dieser Karte ist ein Mann zu sehen, der sich anscheinend nicht besonders viele Sorgen macht. Obwohl hinter ihm ein Meer mit ziemlich hohem Wellengang zu sehen ist, auf dem Schiffe zu sehen sind, die jeden Moment in Schwierigkeiten geraten können, lässt ihn dies völlig kalt.

Diese Karte zeigt also wieder einmal einen Lebenskünstler. Er jongliert regelrecht mit seinem Geld und geht auch gerne einmal das eine oder andere Wagnis ein. Selbst dann, wenn es einmal schief geht, geht ihm das nicht besonders zu Herzen. Es wird schon irgendwann wieder besser werden. Dieses Spiel wird er endlos weiterspielen, denn um die Münzen herum windet sich eine liegende Acht, bekanntlich das Zeichen für Unendlichkeit.

Münzen 3

Münzen 2

Steht die Karte auf dem Kopf, ist die Risikobereitschaft zu groß, die Verluste können die Gewinne weit übersteigen. Dem Lebenskünstler wird sein Leichtsinn doch irgendwann einmal zum Verhängnis. Allerdings wird er daraus nichts lernen, auch wenn seine Verluste noch so hoch sein werden. Jeder, der ihn von zu großen Wagnissen abhalten will, wird als Spielverderber hingestellt und stachelt ihn indirekt nur noch mehr an. Die Katastrophe wird immer wahrscheinlicher.

14. Das Ass der Münzen

Auch hier ist wie bei den drei anderen Assen auch, eine aus dem Nichts kommende Hand zu sehen. Sie hält eine große goldenen Münze. Unterhalb von der Hand ist ein Garten zu sehen, in dem viele Blumen blühen.

Der Fragesteller, bei dem diese Karte auftaucht, kann sich freuen: Ihm stehen große materielle Gewinne bevor, die ihn von allen Geldsorgen befreien werden. Dabei handelt es sich dann nicht um einen nur kurze Zeit anhaltenden Zustand, sondern man kann davon ausgehen, dass der Wohlstand von Dauer sein wird. Diejenigen, denen dieser Reichtum zuteil wird, werden ihn in vollen Zügen genießen und gleichzeitig vernünftig mit ihrem Geld umgehen.

Steht die Karte auf dem Kopf, trifft das Sprichwort „Geld verdirbt den Charakter“ voll und ganz zu. Man weiß seinen neuen Reichtum nicht zu schätzen, droht größenwahnsinnig zu werden und verprasst das Geld. Dadurch wird man innerhalb kürzester Zeit mindestens genauso arm sein wie zuvor. Der Katzenjammer ist dann groß, die Vernunft kehrt aber zu spät zurück.

Ass der Münzen

LEGEMETHODEN

Das Spiel mit drei Karten

Dies ist die einfachste Methode, die Karten zu legen. Man wendet sie bei einer bestimmten Fragestellung an.

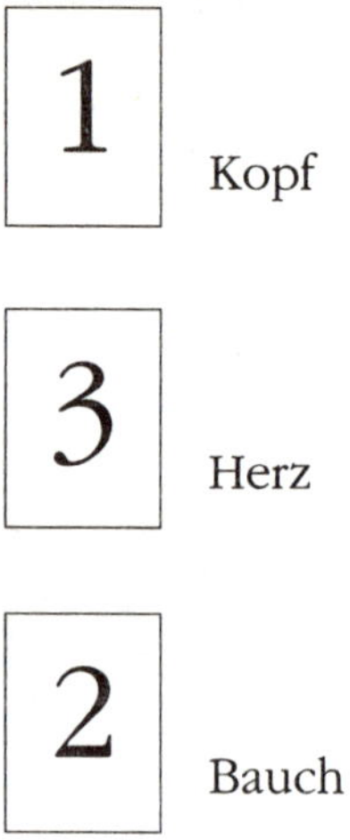

Die Kopfkarte steht für ds Denken, die rationale Beurteilung der Karte. Die Herzkarte steht für die Gefühle und Instinkte. Die Bauchkarte repräsentiert das Unterbewusste.

Das Spiel mit fünf Karten

Diese Methode klärt eine bestimmte Situation und gibt Hinweise auf die nötigen Handlungen.

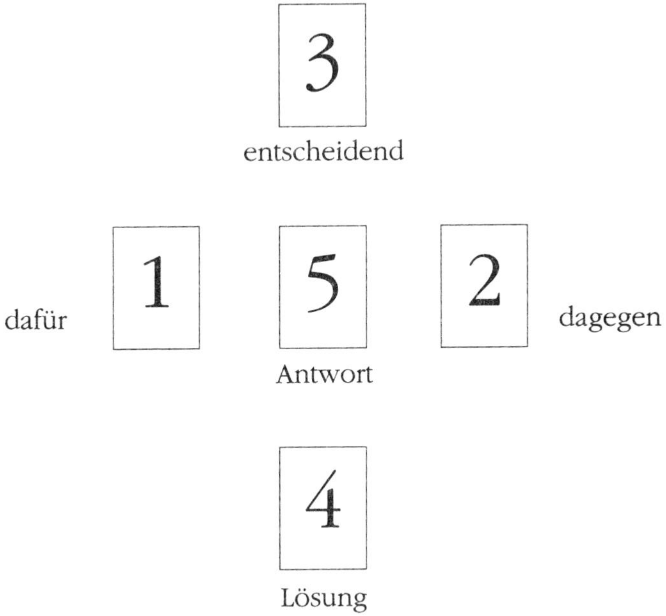

Die erste Karte steht als "Pro" für die jeweilige Situation, die zweite als "Kontra". Die dritte Karte ist die entscheidende, richtende. Die vierte Karte bietet die Lösung der Situation. Die fünfte Karte errechnet man aus den Werten der anderen vier (Bube = 11, Ritter = 12, Königin = 13, König = 14). Wenn die Summe größer als 22 ist, bildet man die Quersumme. Wenn die Summe gleich 22 ist, entspricht das dem Narren.

Das Spiel mit sieben Karten

Diese Methode wendet man bei einer sehr konkreten Fragestellung an. Karte 1 ist die Vergangenheit, Karte 2 die Gegenwart, Nr. 3 ist die Zukunft, Nr. 4 ist die Antwort des Tarot, Nr. 5 steht für die Menschen in der Umgebung des Fragenden, Nr. 6 für Hoffnungen und Ängste und Nr. 7 für ein Ergebnis.

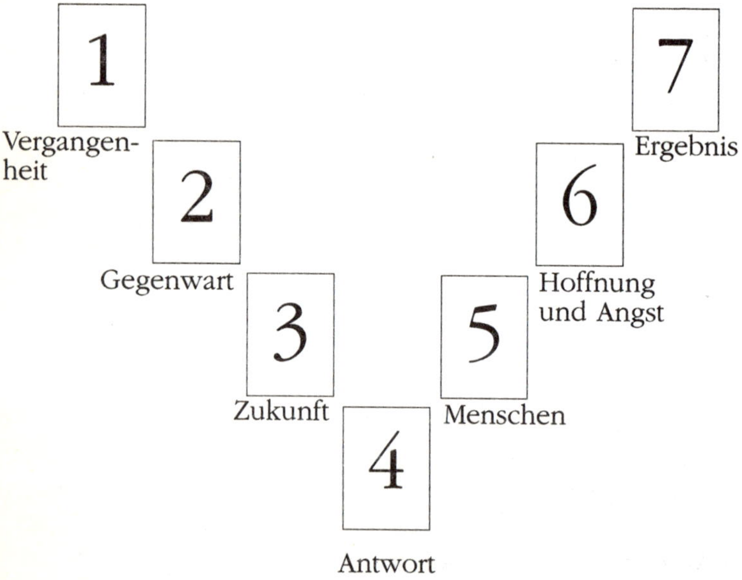

Das Spiel mit zehn Karten

Dies ist eine Methode, um die allgemeine Situation des Fragenden zu beurteilen.

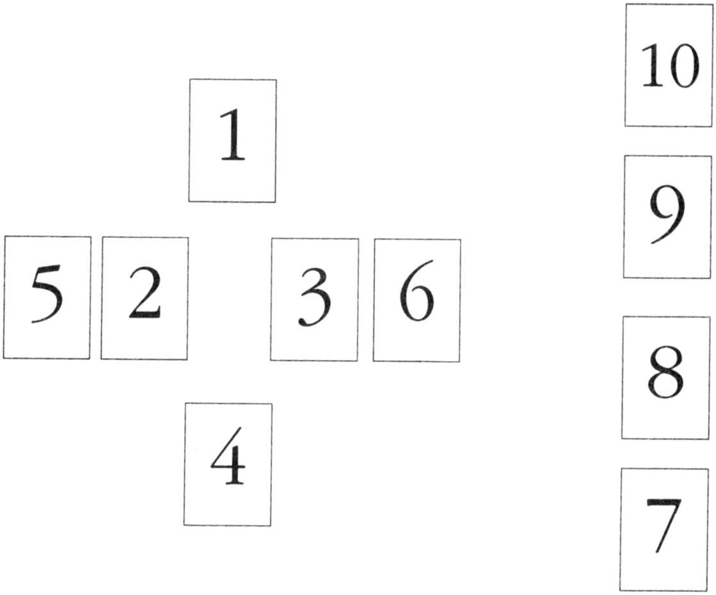

1 = Ratio, Verstand
2/3 = Gefühle, Widersprüchlichkeiten, Herz
4 = Unterbewusstsein, Bauch
5 = Vergangenheit
6 = Zukunft
7 = Verhältnis zu einem selbst
8 = Verhältnis zu den anderen
9 = Hoffnungen und Ängste
10 = Ergebnis

Lebensbaum

Die drei linken Karten stehen für die männliche Seite, die vier in der Mitte für das eigene Zentrum und die rechten für die weibliche Seite

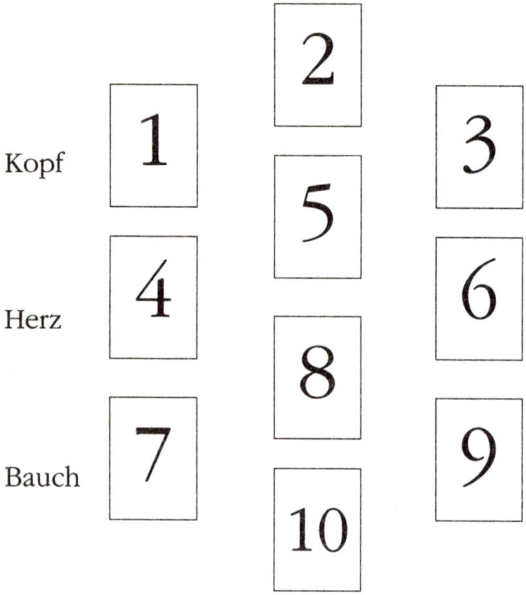

Chakraspiel

7	Krone
6	drittes Auge
5	Kehle
4	Herz
3	Bauch
2	Sex
1	Wurzel

Chakras sind nach der feinstofflichen Theorie Energiezentren im Körper.

Das **Wurzelchakra** steht für den physischen Körper.

Das **Sexchakra** steht für das Verhältnis zu anderen Körpern.

Das **Bauchchakra** steht für Wärme, Licht und Leben.

Das **Herzchakra** ist das Zentrum, die Luft und der Atem.

Das **Kehlchakra** steht für Raum und Kreativität.

Das **dritte Auge** ist die Vision und Intuition.

Das **Kronenchakra** schließlich ist das Bewusste, das reine Dasein.

Die offenen Spiele

In den offenen Spielen gibt es keine festgelegte Reihenfolge oder Bedeutung. Offene Spiele orientieren sich an einer bestimmten Fragestellung oder einer bestimmten Situation.

Diese Spiele werden über das Gefühl, den Instinkt gespielt und machen nach einer geeigneten Übungsphase sicherlich am meisten Spaß.